日本文化キャラクター図鑑

神さま・ほとけさま

宗教

んだ！

本木洋子／文
柳下ミキ／絵

玉川大学出版部

神さま・ほとけさま
宗教ってなんだ!

※各章《かくしょう》の扉《とびら》ページには、それぞれの章《しょう》に登場《とうじょう》するキャラクターから4つを選《えら》んで名前《なまえ》をあてる「シルエットクイズ」があります。「キャラクターランド」は、その答《こた》えページ。キャラクターたちがひとことずつコメントしています。

ようこそ「信仰《しんこう》」の世界《せかい》へ

　宗教《しゅうきょう》や信仰心《しんこうしん》といった精神的《せいしんてき》な世界《せかい》は、複雑《ふくざつ》で奥《おく》が深《ふか》いものです。世界《せかい》にはさまざまな宗教《しゅうきょう》があり、日本《にほん》では神《かみ》の世界《せかい》とほとけの世界《せかい》が互《たが》いに影響《えいきょう》しながら共存《きょうぞん》してきました（これを「神仏習合《しんぶつしゅうごう》」といいます）。祈《いの》るときに「神《かみ》さま・ほとけさま」といったり、願《ねが》いごとがかなわなければ「神《かみ》もほとけもあるものか」となげいたり。神棚《かみだな》と仏壇《ぶつだん》が同居《どうきょ》している家《いえ》もあります。七五三《しちごさん》は神社《じんじゃ》に詣《もう》で、結婚式《けっこんしき》は教会《きょうかい》で挙《あ》げ、お葬式《そうしき》はお寺《てら》でするというようなことも多々《たた》あるのは、日本独特《にほんどくとく》のことといえるでしょう。

　さらには、わたしたちの遠《とお》い先祖《せんぞ》が感《かん》じた八百万《やおよろず》の神《かみ》を敬《うやま》う精神《せいしん》も、脈々《みゃくみゃく》と受《う》け継《つ》がれてきました。山《やま》や川《かわ》などの自然《しぜん》の中《なか》にいる神《かみ》さまたち。海《うみ》や山《やま》に昇《のぼ》る初日《はつひ》の出《で》を拝《おが》み、見《み》えない山《やま》の神《かみ》や水《みず》の神《かみ》の社《やしろ》をつくって、拝《おが》む。万物《ばんぶつ》に宿《やど》る命《いのち》を大切《たいせつ》に思《おも》いながら、なにかにつけ、手《て》を合《あ》わせる場面《ばめん》がありますね。

　唯一絶対的《ゆいいつぜったいてき》な理想《りそう》の存在《そんざい》としての神《かみ》を信《しん》じるというのとはちがう、日本古来《にほんこらい》の信仰心《しんこうしん》のありようを、見《み》ていくことにしましょう。

1章《しょう》

野《の》の神《かみ》さま・ほとけさま

昔《むかし》の人《ひと》は、いまよりも自然《しぜん》を敬《うやま》い、恐《おそ》れ、謙虚《けんきょ》に生《い》きていたのではないでしょうか。「自然《しぜん》」という語《ご》は、「ネイチャー」という西欧《せいおう》の概念《がいねん》――いわゆる自然界《しぜんかい》――を表《あらわ》すものとして使《つか》われる場面《ばめん》と、人《ひと》の手《て》を加《くわ》えずにおのずからそうなっている状態《じょうたい》という意味《いみ》あいで使《つか》われる場面《ばめん》とがありますね。

仏教《ぶっきょう》の真理《しんり》を表《あらわ》すことばとしては、「じねん」と読《よ》みます。

身《み》のまわりの自然《しぜん》にも命《いのち》が宿《やど》るというとらえ方《かた》から生《う》まれた、暮《く》らしにかかわる神《かみ》さまたちに、会《あ》いにいってみることにしましょう。

シルエットクイズ1　わたしはだれ？（答《こた》えは94、95ページ）

①

ヤ〜ッホー！　ヤ〜ッホー

②

神《かみ》さまをお待《ま》ちする木《き》じゃ

③

地震《じしん》をおさえている石《いし》

④

6人並《にんなら》んで立《た》っている

山《やま》の神《かみ》

みなさんの想像《そうぞう》のたまものです

形《かたち》はあっても姿《すがた》はなくて、見《み》えてはいるけど見《み》えなくて、たくさんの人《ひと》が拝《おが》んでいる神《かみ》さまって、だーれだ？　答《こた》えはね、あたし「山《やま》の神《かみ》」。大昔《おおむかし》から人間《にんげん》は、形《かたち》のいい山《やま》には神《かみ》がいるといって、あがめてきてくれたのよ。

あたしについての人間《にんげん》たちの想像《そうぞう》はどんどんふくらんで、天狗《てんぐ》さんや山姥《やまんば》さんが山《やま》の神《かみ》なんだという人《ひと》や、1年《ねん》に12の子《こ》どもを産《う》む「十二《じゅうに》さま・十二山《じゅうにやま》の神《かみ》」という人《ひと》、夫婦《ふうふ》の神《かみ》だという人《ひと》もいるわ。里《さと》で暮《く》らす人《ひと》たちは、「春《はる》になると山《やま》からおりて田《た》の神《かみ》となり、秋《あき》の収穫《しゅうかく》が終《お》わるとまた山《やま》に帰《かえ》る神《かみ》」だというし。ここだけの話《はなし》、あたしは何者《なにもの》なのよって、われながらこんがらかっちゃうときがあるのよね。それとね、あたしへのプレゼントは、オコゼっていう醜《みにく》い魚《さかな》がいいと信《しん》じる人《ひと》たちが多《おお》いみたい。醜《みにく》いあたしが、もっとひどいオコゼの顔《かお》を見《み》ると喜《よろこ》ぶからだっていわれるんだけど、複雑《ふくざつ》。あたし、自分《じぶん》のこと鏡《かがみ》で見《み》たことなんかないんだから。

小《ちい》さなお社《やしろ》を見《み》つけたらのぞいてみて。貝殻《かいがら》とか、海《うみ》のものも供《そな》えられているの。山《やま》がつくる豊《ゆた》かな水《みず》が豊《ゆた》かな海《うみ》をつくるってことを、海《うみ》で暮《く》らす人《ひと》も山《やま》で暮《く》らす人《ひと》も、ちゃんと知《し》ってるからよね。大事《だいじ》にしてくれて、ありがとう。

山《やま》の神祭《かみまつ》り

・猟師《りょうし》や炭焼《すみや》き、林業《りんぎょう》など、山仕事《やましごと》を生業《せいぎょう》とする人《ひと》たちが、祭日《さいじつ》として仕事《しごと》を休《やす》む日《ひ》がある。その日《ひ》は、山《やま》の神《かみ》が木《き》の種《たね》をまいたり木《き》の数《かず》を数《かぞ》え、山《やま》の神《かみ》が狩《か》りをする日《ひ》だからとして、山《やま》には入《はい》らない。

山の神
やま　かみ

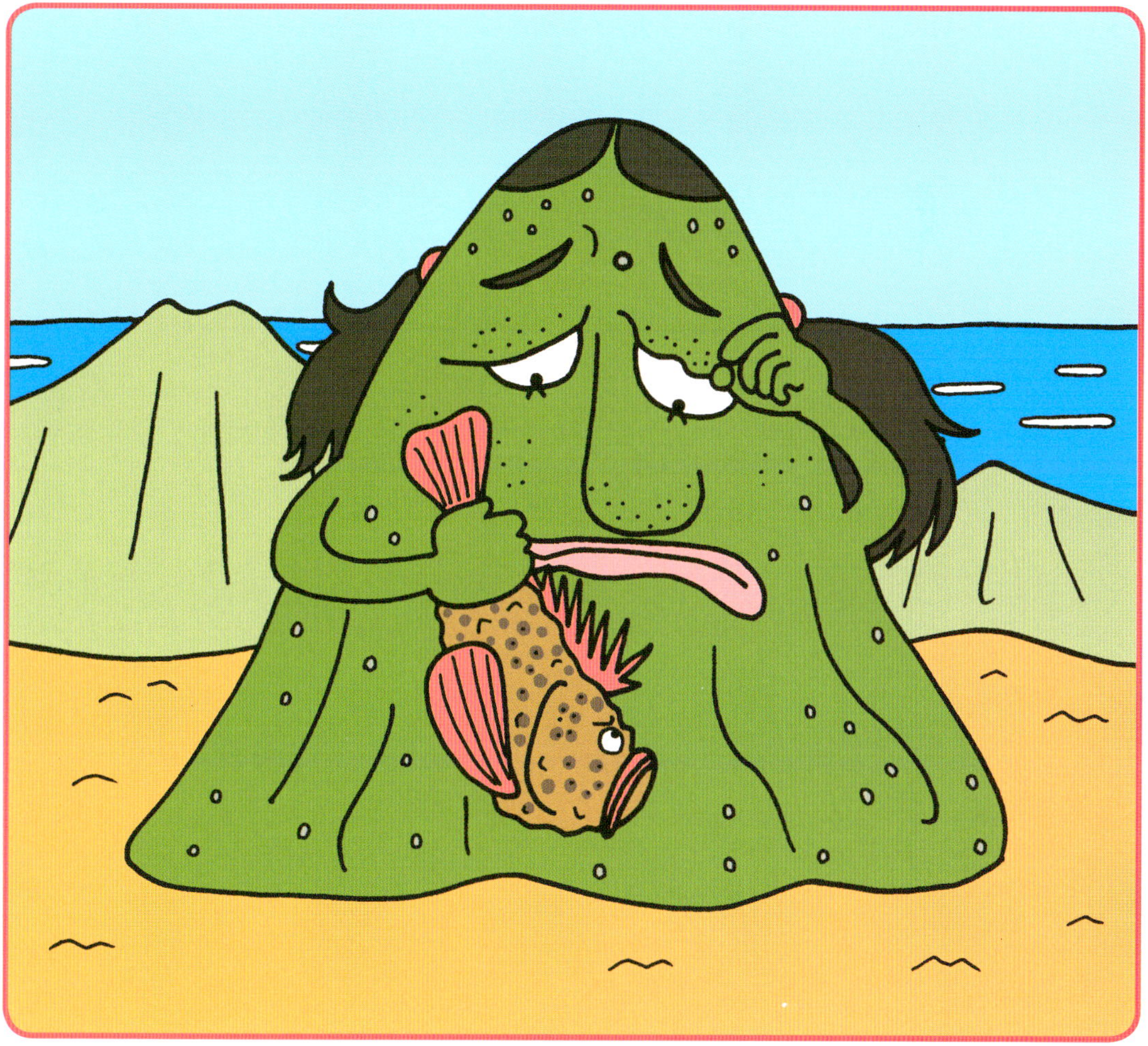

船霊《ふなだま》さま

大船《おおぶね》でも、小船《こぶね》でも

船《ふね》に乗《の》れば、まわりは水《みず》。帆《ほ》かけ船《ぶね》は風《かぜ》が吹《ふ》いてくれないと進《すす》まないのですよ。嵐《あらし》になれば転覆《てんぷく》して、漂流《ひょうりゅう》なんてことにもなりかねません。そういう危険《きけん》がともなうものですから、昔《むかし》からわたしは、船乗《ふなの》りたちに頼《たよ》りにされてきました。帆柱《ほばしら》の根元《ねもと》のところにね、ご神体《しんたい》のわたしを埋《う》め込《こ》んだりするんですの。女性《じょせい》の髪《かみ》の毛《け》や、男女一対《だんじょいっつい》の人形《にんぎょう》、2個《こ》のサイコロや、一文銭《いちもんせん》12枚《まい》、五穀《ごこく》などよ。嵐《あらし》になったら、みんな一心《いっしん》に無事《ぶじ》を祈《いの》るから、できるだけ助《たす》けてあげるようにしていますわ。

千石船《せんごくぶね》のような木造船《もくぞうせん》のころは、材料《ざいりょう》の木《き》を山《やま》で切《き》り出《だ》しますから、まずはそこに神社《じんじゃ》を立《た》てて祈願《きがん》していましたわねぇ。そして、船《ふね》ができると舟大工《ふなだいく》が、「ゴシンを入《い》れる」「ゴショウネを入《い》れる」といって、船《ふね》にわたしを納《おさ》め、魂《たましい》を入《い》れたんですよ。船《ふね》を注文《ちゅうもん》した船主《ふなぬし》は、危難《きなん》よけと豊漁《ほうりょう》をお祈《いの》りして、わたしを祀《まつ》る儀式《ぎしき》を盛大《せいだい》に行《おこな》ったものです。

わたしの機嫌《きげん》をそこねまいと、船乗《ふなの》りたちはいろんな作法《さほう》もつくってるわ。「船《ふね》に乗《の》るときはトリカジ（左舷《さげん》）から、降《お》りるときはオモカジ（右舷《うげん》）から」とか、「海《うみ》で死《し》んだ人《ひと》を乗《の》せるときは舳先《へさき》にムシロや苫《とま》を巻《ま》く」とかね。

沖言葉《おきことば》としての忌《い》み言葉《ことば》

・漁師《りょうし》は、海上《かいじょう》では、神聖視《しんせいし》する動物《どうぶつ》を直接《ちょくせつ》の名《な》で呼《よ》ぶのは恐《おそ》れ多《おお》く不漁《ふりょう》になるとして、クジラは「えびす」、ヘビは「ながもの」といい、サルは獲物《えもの》が〝去《さ》る〟に通《つう》じて縁起《えんぎ》が悪《わる》いとして「エテコウ」といったりする。

船霊《ふなだま》さま

道祖神《どうそじん》

悪《あく》は遠《とお》ざけ、円満《えんまん》に

わたしたちのこと、この世《よ》とあの世《よ》の境《さかい》に立《た》っている神《かみ》だという人《ひと》がいます。昔《むかし》から村境《むらざかい》や橋《はし》のたもとに立《た》って、村《むら》に疫病《えきびょう》や悪霊《あくりょう》が侵入《しんにゅう》しないよう守《まも》ってまいりましたからね。悪《わる》いものをさえぎる「さえの神《かみ》」だとか、「幸《さいわ》い」や「歳《さい》」の「さいの神《かみ》」だともいわれます。峠《とうげ》の分《わ》かれ道《みち》に立《た》つ仲間《なかま》は、旅《たび》の安全《あんぜん》を見守《みまも》っているので「道陸神《どうろくじん》」とか。いろいろな名前《なまえ》があるのですよ。

見《み》た目《め》の姿《すがた》も、いろいろです。秋田県《あきたけん》のほうには、藁《わら》でできた4メートルもの巨人《きょじん》さんとか、大《おお》きな木《き》にかけられたワラジさん、大蛇《だいじゃ》さん、木《き》でできた仁《に》王面《おうめん》さんとかもいるんです。仲良《なかよ》く並《なら》んだわたしたちのような者《もの》はそんなに大《おお》きくないから、車《くるま》の人《ひと》には、「あれっ、だれかいた?」くらいで通《とお》りすぎられることも、ちょくちょくありますけどね。

縁結《えんむす》びや安産《あんざん》、子《こ》どものすこやかな成長《せいちょう》を願《ねが》う人《ひと》たちが、わたしたちに手《て》を合《あ》わせたり、集《あつ》まってお祭《まつ》りを楽《たの》しんでいるのを見《み》ると、またすてきな縁《えん》を結《むす》びたくなるんです。

♠石《いし》づくりの道祖神《どうそじん》と道祖神信仰《どうそじんしんこう》

・北海道《ほっかいどう》や四国《しこく》、九州《きゅうしゅう》、沖縄地方《おきなわちほう》には見《み》られず、本州《ほんしゅう》でも限《かぎ》られた地域《ちいき》で存在《そんざい》している。東日本《ひがしにほん》で多《おお》いのは、長野《ながの》、群馬《ぐんま》、神奈川《かながわ》、山梨《やまなし》、静岡《しずおか》などの各県《かくけん》。西日本《にしにほん》では、おもに鳥取県《とっとりけん》。

道祖神《どうそじん》

ご神木《しんぼく》

神《かみ》さまをお待《ま》ちしておる

わしは、大《おお》きな注連縄《しめなわ》をまとい、柵《さく》をめぐらされて立《た》つ、大銀杏《おおいちょう》。何歳《なんさい》なのかは数《かぞ》えたこともないが、人間《にんげん》たちの時間《じかん》では、数百年《すうひゃくねん》も生《い》きているといわれておる。神社《じんじゃ》の境内《けいだい》にて神《かみ》さまの降臨《こうりん》を待《ま》つ、神木《しんぼく》なのじゃ。

わしの仲間《なかま》は日本中《にほんじゅう》の神社《じんじゃ》に大勢《おおぜい》いる。ある者《もの》はわしのように1本《ぽん》じゃが、またある者《もの》は「鎮守《ちんじゅ》の杜《もり》・入《い》らずの森《もり》」などといわれ、森《もり》すべてがご神体《しんたい》として大切《たいせつ》に守《まも》られていることもある。

昔《むかし》むかし、7世紀《せいき》の飛鳥時代《あすかじだい》の筑紫《つくし》の国《くに》（福岡県《ふくおかけん》）で、人間《にんげん》の勝手《かって》な都合《つごう》で、大事《だいじ》な古木《こぼく》がお宮《みや》の材木用《ざいもくよう》に伐《き》られたことがあった。すると宮中《きゅうちゅう》には鬼火《おにび》が出《で》て、病死《びょうし》する家臣《かしん》たちも多《おお》く、まもなく天皇《てんのう》も崩御《ほうぎょ》されるということが続《つづ》き、これは神《かみ》さまがお怒《いか》りになっていらっしゃるのだといわれたものじゃ。安易《あんい》に伐《き》られるのは困《こま》るがの、長《なが》い年《とし》を重《かさ》ねたわしらの場合《ばあい》、診察《しんさつ》してくれる木《き》のお医者《いしゃ》さまがいるのは心強《こころづよ》いことじゃ。弱《よわ》って倒《たお》れそうになっていたのを、傷《いた》んだ部分《ぶぶん》を伐《き》られ、新《あら》たな芽吹《めぶ》きで元気《げんき》によみがえった仲間《なかま》の便《たよ》りを耳《みみ》にすると、ほっとするわい。

ご神木《しんぼく》の種類《しゅるい》

・イチョウのほかに、サカキ、ツバキ、マツ、カシ、エノキ、シイ、サクラ、ウメ、ムク、ナギ、スギ、カシワなど、植生《しょくせい》に合《あ》わせてさまざまな木《き》の例《れい》がある。神樹《しんじゅ》、霊木《れいぼく》、神寄木《かみよりき》、勧請木《かんじょうぼく》ともいい、神《かみ》の依代《よりしろ》としての木《き》ではなく、ご神木《しんぼく》そのものが神体《しんたい》として祀《まつ》られることもある。

ご神木
<small>しんぼく</small>

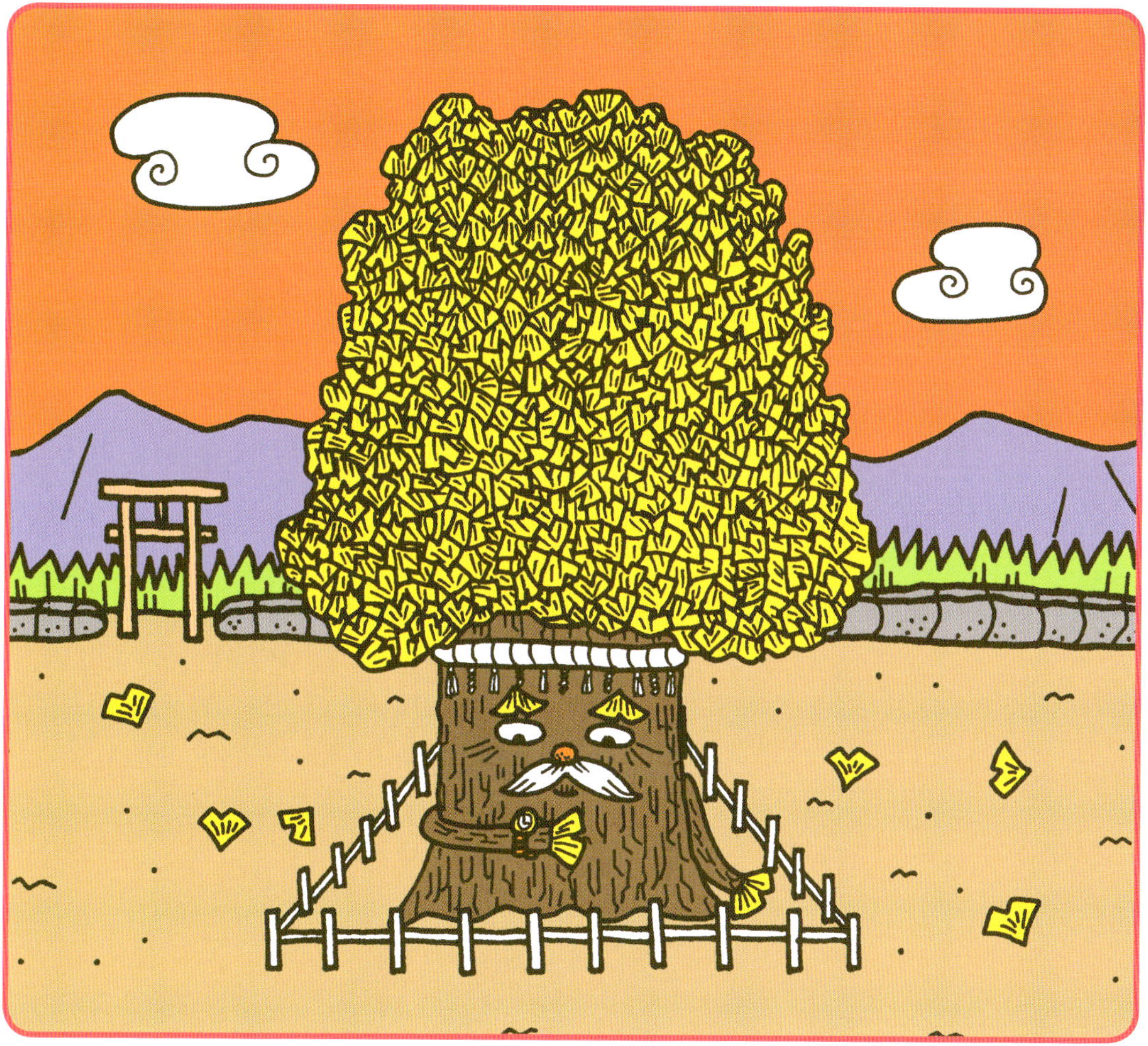

御嶽《うたき》

神聖《しんせい》な空間《くうかん》なのです

シマ（集落《しゅうらく》）の小《ちい》さな森《もり》や丘《おか》にいるわたしは、ウチナーンチュ（沖縄《おきなわ》の人《ひと》）の心《こころ》のよりどころ。神聖《しんせい》な祈《いの》りの場《ば》がわたし「御嶽《うたき》」なのです。

村《むら》ができたときから、人《ひと》のすぐそばにいて集落《しゅうらく》を守《まも》っています。神名《かみな》はありますが、みんなが「ウタキ」と呼《よ》んでくれますから、それで満足《まんぞく》。特別《とくべつ》の名《な》前《まえ》で声《こえ》をかけてくれなくていいのですよ。立派《りっぱ》な建物《たてもの》もいりません。ウコール（香炉《こうろ》）さえ置《お》いてもらえば、それで十分《じゅうぶん》。

森《もり》にはなにもないように見《み》えますが、ウガンジュ（拝所《はいしょ》）があって、みんながウガミ（拝《おが》み）にくるのです。「自分《じぶん》たちがいま生《い》きて、暮《く》らしているのはご先祖《せんぞ》さまが見守《みまも》ってくれるおかげだ」といってね、わたしとコミュニケーションをとるのです。

近《ちか》ごろわたしは、パワースポットなどとして、ガイドブックで紹介《しょうかい》されることもあるのですが、公園《こうえん》ではないのですよ。祈《いの》りの場所《ばしょ》なのですから、関係《かんけい》のない人《ひと》がみだりに入《はい》りこむのはやめてほしいなぁと思《おも》います。

これからも、生《い》きとし生《い》ける者《もの》たちを、ご先祖《せんぞ》さまもふくめて、見守《みまも》り続《つづ》けていきますからね。

1713（正徳《しょうとく》2）年《ねん》の沖縄郷土誌《おきなわきょうどし》「琉球国由来記《りゅうきゅうこくゆらいき》」の中《なか》で

・霊石《れいせき》の名《な》や、クバ（ビロウ）、アザカ（琉球《りゅうきゅう》アオキ）、マツなどの植生《しょくせい》、875もの各《かく》地《ち》のウタキと神名《かみな》などが載《の》っている。なかでも斎場御嶽《せーふぁうたき》（南城市《なんじょうし》）は、「最高位《さいこうい》の御《う》嶽《たき》」として世界文化遺産《せかいぶんかいさん》にもなっている。

御嶽
うたき

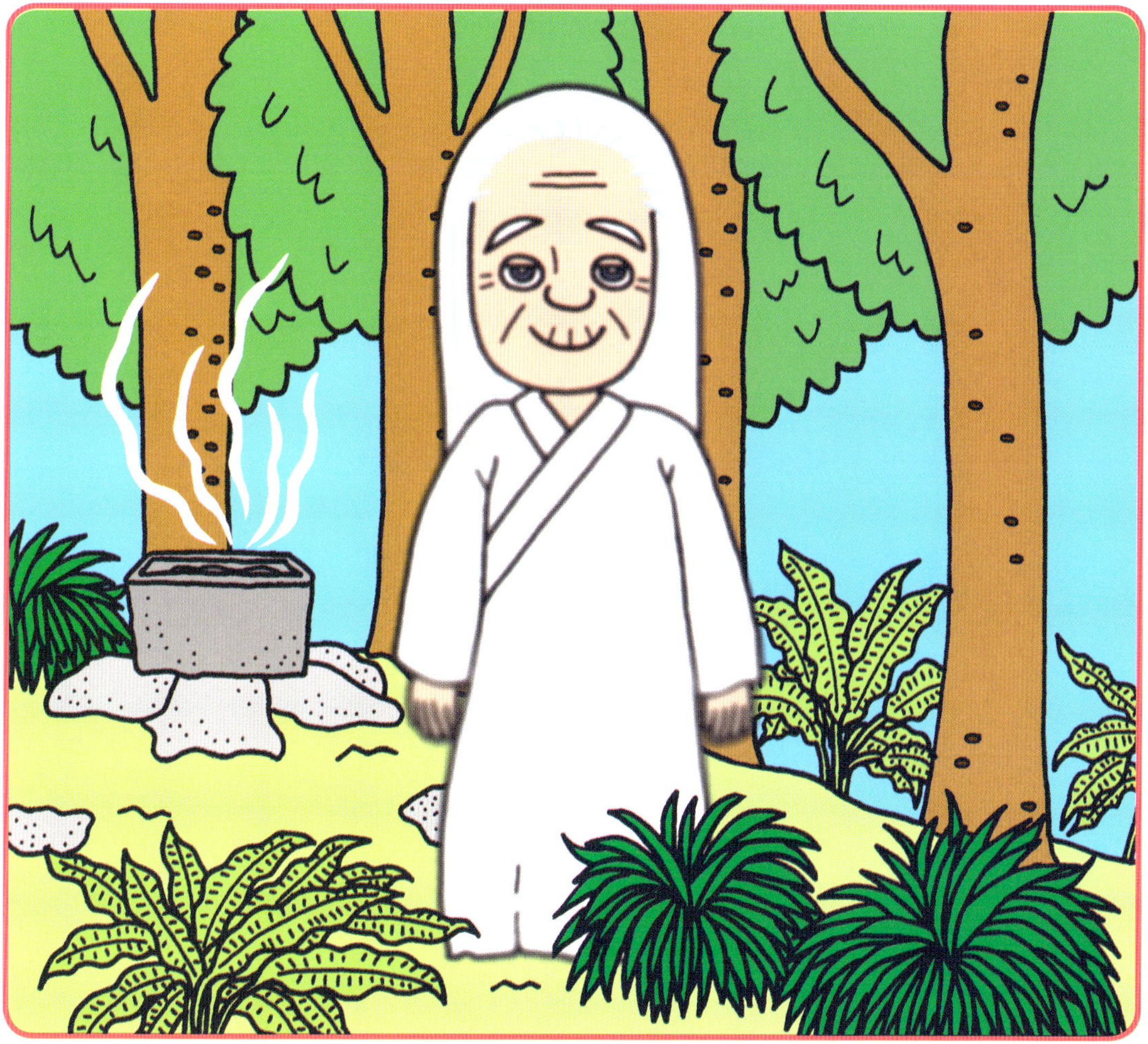

六地蔵《ろくじぞう》

民話《みんわ》でもわれらに会《あ》えるぞ

　人間《にんげん》たちの悩《なや》みを救《すく》うための地蔵菩薩《じぞうぼさつ》6人衆《にんしゅう》じゃ。人間《にんげん》たちが死後《しご》に進《すす》む道《みち》は「六道《ろくどう》」といってな、地獄《じごく》・餓鬼《がき》・畜生《ちくしょう》・修羅《しゅら》・人間《にんげん》・天《てん》のどれかに行《い》くのだよ。われらは6体《たい》に分身《ぶんしん》して、迷《まよ》える死者《ししゃ》たちに救《すく》いの手《て》を差《さ》しのべるのじゃ。最初《さいしょ》は六道《ろくどう》の入《い》り口《ぐち》に当《あ》たる墓地《ぼち》やお寺《てら》の境内《けいだい》にいたのだが、われらの功徳《くどく》は生《い》きている者《もの》にも与《あた》えられると、街道《かいどう》の辻《つじ》にも祀《まつ》られるようになった。

　6人《にん》とも坊《ぼう》さまの姿《すがた》で、数珠《じゅず》や錫杖《しゃくじょう》、如意《にょい》などの道具《どうぐ》を持《も》っておる。そして、願《ねが》いを聞《き》き届《とど》けるために手《て》のひらを外側《そとがわ》に向《む》けて垂《た》らす「与願印《よがんいん》」というポーズをとったり、恐《おそ》れる気持《きも》ちを取《と》り除《のぞ》いて安心《あんしん》させるために「施無畏印《せむいいん》」というポーズをとっておる。

　ちょいとながめると同《おな》じようだが、みんなちがう役目《やくめ》があるのじゃ。

「笠地蔵《かさじぞう》」の話《はなし》を知《し》っておるかな。雪《ゆき》の大晦日《おおみそか》に、貧《まず》しい笠売《かさう》りのじいさんが通《とお》りかかってな、雪《ゆき》をかぶったわしらに笠《かさ》をかぶせてくれたのじゃよ。わしらはじいさん夫婦《ふうふ》へのお礼《れい》に、米俵《こめだわら》や魚《さかな》などのごちそうをプレゼントした。心《こころ》やさしいあのふたりが死《し》んだときは、天道《てんどう》へと導《みちび》いてやったのだよ。

六道《ろくどう》

・六地蔵信仰《ろくじぞうしんこう》の始《はじ》まりは鎌倉時代《かまくらじだい》ころと伝《つた》えられており、「今昔物語集《こんじゃくものがたりしゅう》」に記載《きさい》がある。それぞれの地蔵《じぞう》に、宗派《しゅうは》によりさまざまな名前《なまえ》や持《も》ち物《もの》があり、1つの石《いし》に6人《にん》がまとめて彫《ほ》られているものや1体《たい》ずつのもの、立像《りつぞう》や坐像《ざぞう》など、造形《ぞうけい》もさまざま。

六地蔵
ろくじぞう

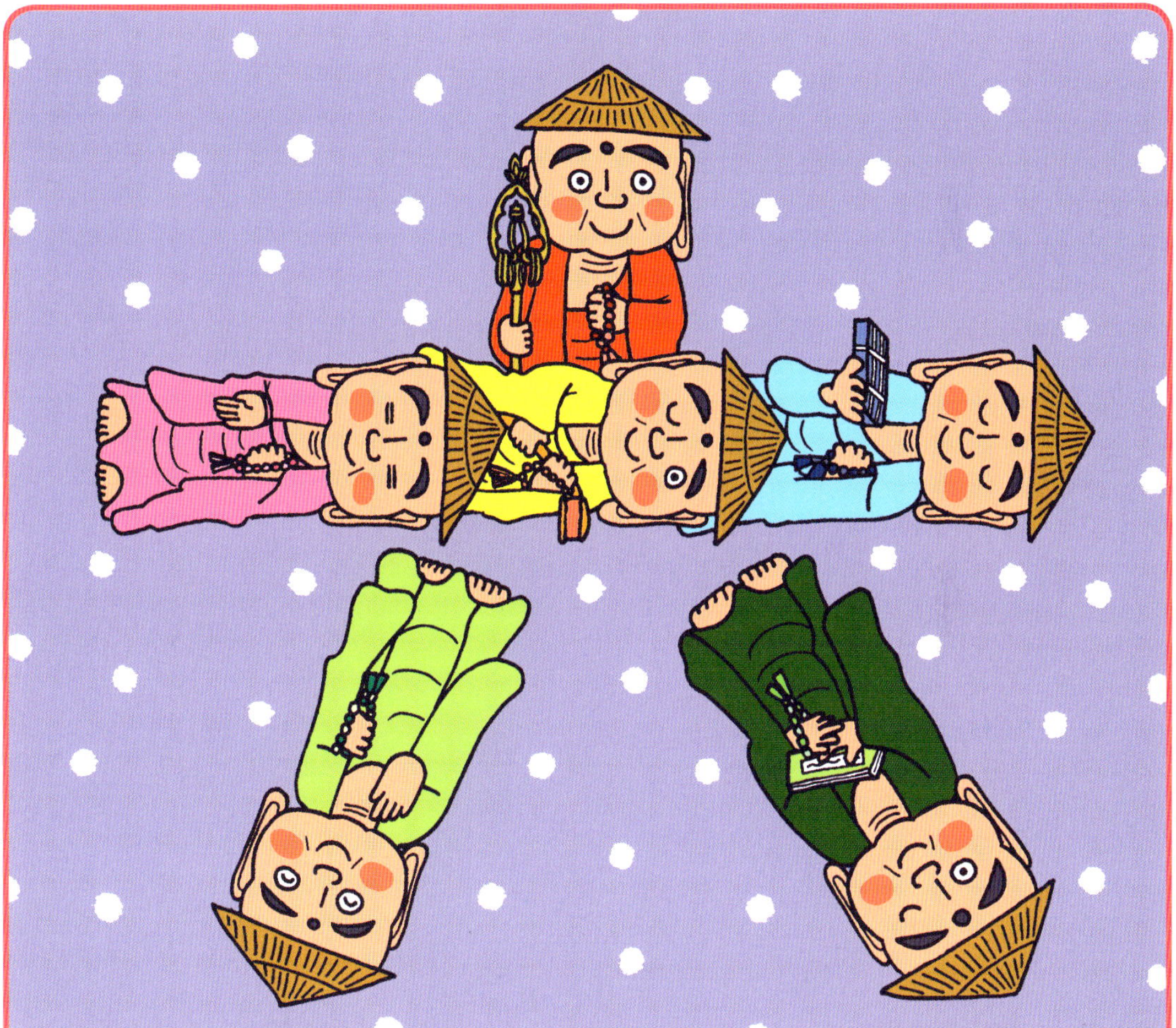

こだま

樹木《じゅもく》に宿《やど》っているんだよ

おいらは木霊《こだま》。ひとりぼっちじゃないよ。日本中《にほんじゅう》の山《やま》にたくさんいるんだ。はるか遠《とお》い昔《むかし》の、おいらの親神《おやがみ》さまの話《はなし》をしよう。日本《にほん》の国《くに》を生《う》んだのはね、イザナギノミコトとイザナミノミコトという、とても有名《ゆうめい》な神《かみ》さまたちなんだ。おふたりはそのあとに、風《かぜ》や海《うみ》、霧《きり》などをそれぞれに司《つかさど》る神《かみ》さまたちを生《う》んでいったんだよ。おいらはその12番目《ばんめ》の子《こ》どもっていうわけ。樹木《じゅもく》を司《つかさど》る神《かみ》なんだ。『古事記《こじき》』という昔《むかし》の本《ほん》に、「次《つぎ》に木《き》の祖《そ》、久久能智《くくのち》を生《う》む」って出《で》てくるよ。

神《かみ》さまの時代《じだい》から人間《にんげん》の時代《じだい》になって、ながい時《とき》がすぎていって、平安時代《へいあんじだい》には「こたま」と呼《よ》ばれるようになったのさ。世界的《せかいてき》に有名《ゆうめい》な「源氏物語《げんじものがたり》」っていうお話《はなし》では、「鬼《おに》か神《かみ》か狐《きつね》か木魂《こだま》か」っていわれる場面《ばめん》があるよ。ほら、日本《にほん》って山《やま》がいっぱいの国《くに》だろ。大《おお》きな大《おお》きな木《き》が国中《くにじゅう》を覆《おお》っていたころの山《やま》や森《もり》を、おいらのご先祖《せんぞ》たちが縦横無尽《じゅうおうむじん》に駆《か》けまわっていたんだろうなぁ。高《たか》い山《やま》に行《い》ったら、「ヤッホー」ってさけんで耳《みみ》をすましてごらん。遠《とお》くから「ヤッホー」って、やまびこを返《かえ》してあげるよ。

木魂《こだま》・樹霊《じゅれい》

・『古事記《こじき》』では「久久能智神《くくのちのかみ》」と書《か》き、『日本書紀《にほんしょき》』では「句句迺馳《くくのち》」と表記《ひょうき》。「クク」は茎《くき》のことで、草木《くさき》の幹《みき》の立《た》ちのぼるさまを表《あらわ》す。平安時代《へいあんじだい》の辞書《じしょ》『和名類聚抄《わみょうるいじゅしょう》』では「古多万《こたま》」となり、のちに「こだま」といわれるようになった。

こだま

馬頭観音《ばとうかんのん》

馬《うま》たちとともに

車《くるま》や、トラクターなどの農耕機械《のうこうきかい》がなかった時代《じだい》、畑《はたけ》や田《た》んぼを耕《たがや》したり、荷物《にもつ》を運《はこ》んだりするのに、馬《うま》は大《おお》いに活躍《かつやく》していたものです。人間《にんげん》の暮《く》らしになくてはならない生《い》き物《もの》。ほぼ、家族《かぞく》の一員《いちいん》でしたねぇ。そんな、動物《どうぶつ》を大切《たいせつ》にする人《ひと》びとの思《おも》いが仏教《ぶっきょう》と結《むす》びついて、わたしも大切《たいせつ》にされました。

もともとは、千手観音《せんじゅかんのん》さんや十一面観音《じゅういちめんかんのん》さんたちとともに六観音《ろくかんのん》、あるいは七観音《しちかんのん》とされる菩薩《ぼさつ》の一員《いちいん》でしてね。頭《あたま》に馬《うま》を乗《の》せたわたしは、人《ひと》びとを救《すく》うやさしい表情《ひょうじょう》をお見《み》せすることもあれば、世界《せかい》の悪《あく》と戦《たたか》うために、「甘《あま》く見《み》ちゃいけないよ」と、怒《おこ》った顔《かお》をお見《み》せしていることもあるんです。

野《の》に出《で》たときには、ただ「馬頭観音《ばとうかんのん》」と書《か》かれた石碑《せきひ》に変身《へんしん》することもございます。昔《むかし》の人《ひと》たちは、大切《たいせつ》な馬《うま》が元気《げんき》で働《はたら》いてくれますように、亡《な》くなった馬《うま》があの世《よ》で幸《しあわ》せにのんびり暮《く》らせますように、などとわたしにお参《まい》りして、花《はな》や水《みず》を手向《たむ》けてくれたものですよ。

♠海沿《うみぞ》いでは、海難救助《かいなんきゅうじょ》の菩薩《ぼさつ》として

・農耕地《のうこうち》での信仰《しんこう》とは別《べつ》に、海沿《うみぞ》いの土地《とち》では、「難破《なんぱ》してたどり着《つ》いた地《ち》で、鬼神《きじん》に襲《おそ》われそうになった商人《しょうにん》たちを、白馬《はくば》の姿《すがた》になった菩薩《ぼさつ》さまが駆《か》けつけて助《たす》けてくださった」というインドの神話《しんわ》にある話《はなし》をもとに、信仰《しんこう》されているところもある。

馬頭観音
ばとうかんのん

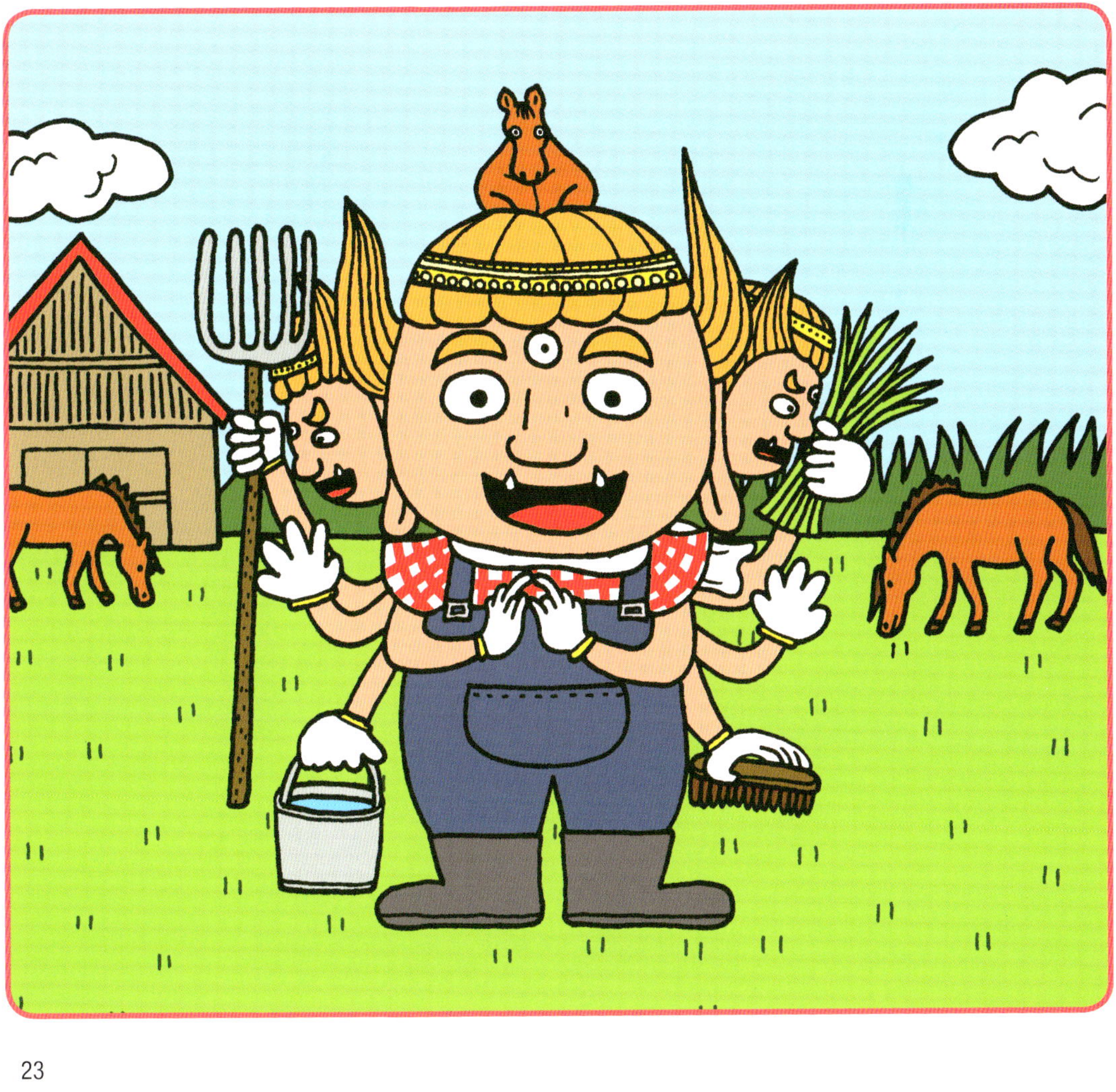

龍神《りゅうじん》

水《みず》のシンボルである

われは水《みず》を司《つかさど》る神《かみ》ぞ。2000年《ねん》も昔《むかし》に中国大陸《ちゅうごくたいりく》からやってきた。人間《にんげん》の目《め》には見《み》えぬ天空《てんくう》にあっては、雲《くも》を支配《しはい》し雨《あめ》を呼《よ》ぶ。水中《すいちゅう》にあっては、水《みず》の源《みなもと》を守《まも》り、地《ち》にあっては、ときに暴《あば》れて大地《だいち》をゆるがす。

われの仲間《なかま》は世界中《せかいじゅう》にいて、西洋《せいよう》ではドラゴンと呼《よ》ばれ、インドではナーガと呼《よ》ばれる。人間《にんげん》たちからは敬《うやま》われもするが、恐《おそ》れられる存在《そんざい》なのじゃ。神《じん》社《じゃ》やお寺《てら》に、われの姿《すがた》を刻《きざ》んだ彫《ほ》り物《もの》や柱《はしら》がどれほどたくさんあることか。神《かみ》やほとけを参拝《さんぱい》するときに、手《て》を洗《あら》い口《くち》をゆすいで心身《しんしん》を清《きよ》める手水舎《ちょうずや》で、われと会《あ》ったこともあるのではないか？

長《なが》いあいだ雨《あめ》が降《ふ》らず日照《ひで》りになると、作物《さくもつ》がとれなくなる。そんなとき、昔《むかし》はよく人間《にんげん》たちは雨《あま》ごいをしたものだ。山《やま》の頂《いただき》で火《ひ》を焚《た》いて雲《くも》を呼《よ》ぶこともあれば、唄《うた》や踊《おど》りでにぎやかにして祈《いの》ったり。なかには、われが住《す》む聖地《せいち》である池《いけ》や沼《ぬま》をわざと汚《よご》して、われを怒《おこ》らせて雨《あめ》を降《ふ》らせようとする者《もの》たちまでおったぞ。そうしてまで人間《にんげん》たちに必死《ひっし》に頼《たよ》られるとな、無視し続けるわけにもいかないから、雨《あめ》を降《ふ》らせるのじゃ。

同《おな》じ水《みず》の神《かみ》にカッパどものもおるが、われにいわせれば、まだ新参者《しんざんもの》じゃよ。

東方《とうほう》の守護神《しゅごしん》

・飛鳥時代《あすかじだい》の末《すえ》につくられた高松塚古墳《たかまつづかこふん》とキトラ古墳《こふん》の壁画《へきが》には、天《てん》の四方《しほう》の方角《ほうがく》を司《つかさど》る霊獣《れいじゅう》が描《えが》かれている。西《にし》の白虎《びゃっこ》、南《みなみ》の朱雀《しゅじゃく》（鳥《とり》の姿《すがた》）、北《きた》の玄武《げんぶ》（蛇《へび》が巻《ま》きついた亀《かめ》の姿《すがた》）。そして、東《ひがし》の青龍《せいりゅう》である。

龍神
りゅうじん

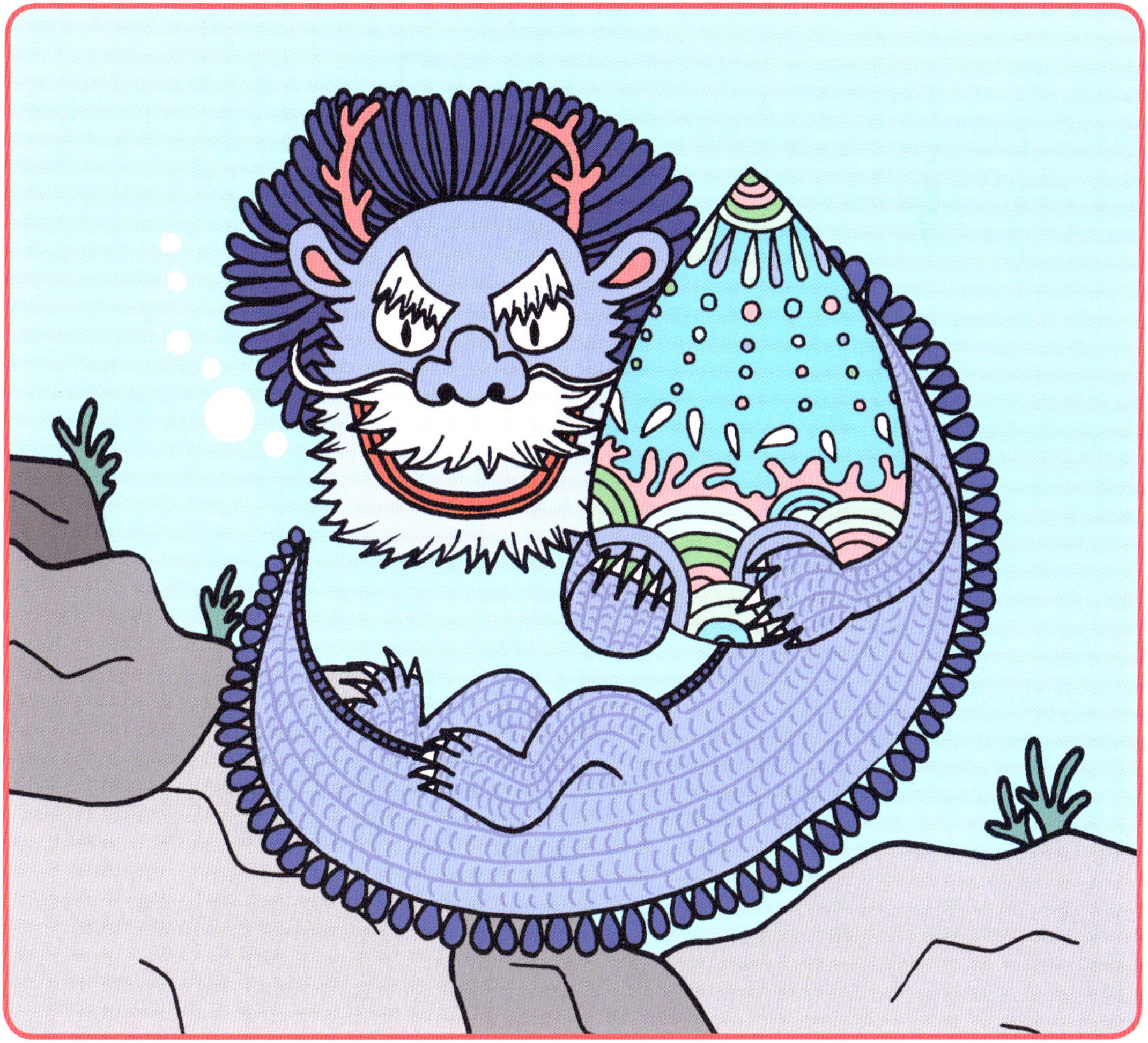

要石《かなめいし》

地震《じしん》をおさえこんでおる

わしは石《いし》。でもただの石《いし》ころではないぞ。頭《あたま》は地上《ちじょう》に少《すこ》しだけ出《で》ているが、体《からだ》は地面《じめん》にもぐりこんでいて、自分《じぶん》でもどれくらいの大《おお》きさなのかはわからない。どこにいるのかって？ 茨城県《いばらきけん》の鹿島神宮《かしまじんぐう》の奥《おく》のほうだ。地底《ちてい》にいる大《おお》ナマズを、おさえこんでいるのだよ。大地震《おおじしん》を起《お》こさせないようにな。

地震《じしん》はナマズの仕業《しわざ》だとか、ナマズが暴《あば》れると地震《じしん》がくるといわれるようになったのは、江戸時代《えどじだい》になってからかのう。もっと前《まえ》の鎌倉時代《かまくらじだい》のころは、「地震虫《じしんむし》」なるものが描《えが》かれていたものだ。両目《りょうめ》は日《ひ》と月《つき》で、背中《せなか》に、当時《とうじ》の日本地図《にほんちず》を背負《せお》った龍《りゅう》のような姿《すがた》でな。江戸幕府《えどばくふ》も末頃《すえごろ》の1855（安政《あんせい》2）年《ねん》の安政大地震《あんせいおおじしん》のあとは、わしや鹿島《かしま》の神《かみ》さまがナマズをおさえつけている姿《すがた》などを描《えが》いた「鯰絵《なまずえ》」といわれる浮世絵《うきよえ》が、飛《と》ぶように売《う》れたものだ。

　ゆるぐとも　よもや抜《ぬ》けじの　要石《かなめいし》　鹿島《かしま》の神《かみ》の　あらんかぎりは

この歌《うた》が絵《え》の横《よこ》に添《そ》えられ、家《いえ》に貼《は》れば地震《じしん》の被害《ひがい》からのがれられるとされるものもあったから、わしは鼻高々《はなたかだか》だった。

いまは、ナマズの地震祭知力《じしんさっちりょく》について科学的《かがくてき》な研究《けんきゅう》がされているようだな。

神話《しんわ》の地震《じしん》の神《かみ》

・『日本書紀《にほんしょき》』の「推古天皇紀《すいこてんのうき》」によると、599（推古《すいこ》7）年夏《ねんなつ》に大和地方《やまとちほう》を中心《ちゅうしん》とする大地震《おおじしん》が起《お》き、その後《ご》、諸国《しょこく》に「地震神《なゐのかみ》」を祀《まつ》らせたとある。「なゐ（ない）」とは、地震《じしん》の古語《こご》。神名《かみな》や出自《しゅつじ》はとくになく、鹿島神宮《かしまじんぐう》の祭神《さいじん》タケミカヅチノカミとの関連《かんれん》は見《み》られない。

要石
<small>かなめいし</small>

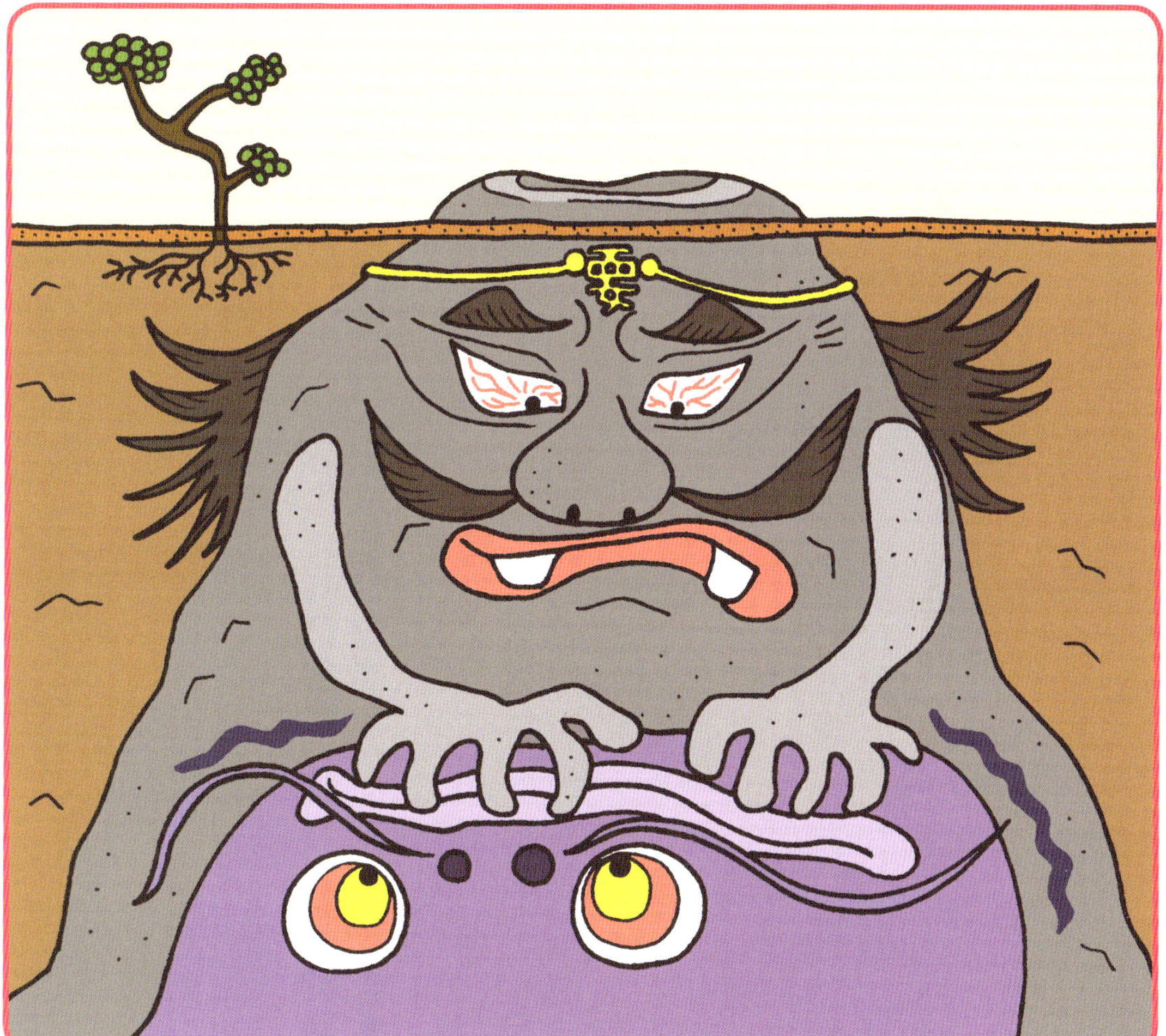

2章《しょう》

暮《く》らしと信心《しんじん》

祈《いの》りや願《ねが》いは同《おな》じでも、地域《ちいき》によってさまざまな形《かたち》となり、伝《つた》え方《かた》が変《か》わってきたりもするものです。「イワシの頭《あたま》も信心《しんじん》から」ということばを聞《き》いたことはありますか？　このことば自体《じたい》は、たとえイワシの頭《あたま》のようなつまらないものでも、強《つよ》く信仰《しんこう》する者《もの》にとっては、鬼《おに》を追《お》い払《はら》う力《ちから》があるありがたいものに思《おも》えるものだとして、信《しん》じこむ力《ちから》を揶《や》揄《ゆ》する意味《いみ》あいでも使《つか》われるものです。しかし、信《しん》じる気《き》持《も》ちによって心《こころ》が救《すく》われることがあるということもまた、たしかなことですよね。

シルエットクイズ2 わたしはだれ？（答《こた》えは94、95ページ）

③

100回《かい》も往復《おうふく》するお参《まい》り

①

どれか、引《ひ》いてみて

④

釣《つ》り竿《ざお》と魚《さかな》をかかえた福《ふく》の神《かみ》

②

とげを、ぬく、地蔵《じぞう》じゃ

お大師《だいし》さん

弘法大師《こうぼうだいし》として知《し》られています

「お大師《だいし》さん」と呼《よ》ばれるようになって久《ひさ》しいが、もとは空海《くうかい》と申《もう》す密教《みっきょう》の僧《そう》。香川県《かがわけん》の出身《しゅっしん》である。

わたしがよく修行《しゅぎょう》した場所《ばしょ》にはわたしの魂《たましい》が満《み》ちあふれているといって、四国八十八《しこくはちじゅうはち》か所《しょ》の霊場《れいじょう》をいまも大勢《おおぜい》のお遍路《へんろ》さんが巡《めぐ》っている。いつもわたしと二人《ふたり》づれという意味《いみ》の「同行二人《どうぎょうににん》」と書《か》いた菅笠《すげがさ》をかぶり、白装束《しろしょうぞく》に身《み》を包《つつ》み、金剛杖《こんごうづえ》をついて歩《ある》く人《ひと》びとだ。ちなみにこの杖《つえ》は、金属製《きんぞくせい》なわけではなく木製《もくせい》で、わたしの分身《ぶんしん》ぞ。お遍路《へんろ》さんをしっかり見守《みまも》りながら、いっしょに歩《ある》くのだ。

すべてを歩《ある》き通《とお》せば３６５里《り》（１４６０キロ）にもなる長《なが》い修行《しゅぎょう》の旅《たび》。亡《な》くなった人《ひと》をしのぶ人《ひと》、はたまたおかした罪《つみ》を悔《く》いる人《ひと》、生《い》きることに思《おも》い悩《なや》んで悶々《もんもん》としている人《ひと》……。みな、自分《じぶん》の心《こころ》と向《む》き合《あ》うために、わたしのところに来《く》るのであろうな。

修行《しゅぎょう》として歩《ある》くときは、無心《むしん》でひたすらに。信心《しんじん》のためより健康《けんこう》のためにという人《ひと》も、またけっこう。自分探《じぶんさが》しの若《わか》いお遍路《へんろ》さんもみな、同行二人《どうぎょうににん》。

四国遍路《しこくへんろ》・四国参《しこくまい》り・四国《しこく》めぐり

・巡礼地《じゅんれいち》の各霊場《かくれいじょう》（札所《ふだしょ》）には番号《ばんごう》がふられており、第《だい》1番《ばん》は徳島県《とくしまけん》の竺和山霊山寺《じくわさんりょうぜんじ》。そこから高知県《こうちけん》、愛媛県《えひめけん》を経《へ》て、香川県《かがわけん》の医王山大窪寺《いおうざんおおくぼじ》が第《だい》88番《ばん》。自分《じぶん》の巡《めぐ》り終《お》わりの寺《てら》や、高野山《こうやさん》（和歌山県《わかやまけん》）の金剛峯寺《こんごうぶじ》に、金剛杖《こんごうづえ》を納《おさ》める。

お大師《だいし》さん

とげぬき地蔵《じぞう》

痛《いた》みははやく、取《と》り去《さ》りたいものであろう

わしは、テレビで「おばあちゃんの原宿《はらじゅく》」と紹介《しょうかい》される東京《とうきょう》の町《まち》「巣鴨《すがも》」の、地蔵通《じぞうどお》り商店街《しょうてんがい》のシンボルのひとつじゃ。高岩寺《こうがんじ》の奥《おく》におって、人前《ひとまえ》には出《で》ないがの。

なぜこう呼《よ》ばれるようになったかといえば、話《はなし》は江戸時代《えどじだい》にさかのぼる。大《だい》名《みょう》の毛利家《もうりけ》の下働《したばたら》きの女《おんな》が、くわえていた折《お》れ針《ばり》をうっかり飲《の》み込《こ》んでな。医者《いしゃ》の手《て》には負《お》えぬゆえ、苦《くる》しむ女《おんな》にわしの絵姿《えすがた》が映《うつ》った小《ちい》さなお札《ふだ》を水《みず》で飲《の》ませたところ、女《おんな》はおなかのものを吐《は》き出《だ》した。よく見《み》るとなんとなんと、針《はり》がお札《ふだ》に刺《さ》さって出《で》てきたというわけだ。以来《いらい》、わしの絵姿《えすがた》のお札《ふだ》には、痛《いた》みをとるご利益《りやく》があると、重宝《ちょうほう》されるようになった。

心《こころ》から拝《おが》む者《もの》の痛《いた》みは、しかと取《と》り除《のぞ》いてやりたい。心《こころ》の痛《いた》みも然《しか》りじゃ。お札《ふだ》を求《もと》める女性《じょせい》の中《なか》におばあちゃんが多《おお》いのは、長《なが》い人生《じんせい》を生《い》きてきた分《ぶん》、心《こころ》にささった刺《とげ》が多《おお》いからかもしれぬな。寺参《てらまい》りのあとは、団子《だんご》を食《た》べたり、買《か》い物《もの》やおしゃべりを楽《たの》しんで、ゆっくりとなごんでおくれ。

各地《かくち》の「延命地蔵《えんめいじぞう》」

・病《やまい》を治《なお》したり寿命《じゅみょう》をのばしてくれるという延命地蔵《えんめいじぞう》は、日本各地《にほんかくち》で数多《かずおお》く信仰《しんこう》されている。

・高岩寺《こうがんじ》の本尊《ほんぞん》のとげぬき地蔵菩薩《じぞうぼさつ》は秘仏《ひぶつ》なので直接《ちょくせつ》は拝《おが》めない。参拝者《さんぱいしゃ》は、屋外《おくがい》にある通称《つうしょう》「洗《あら》い観音《かんのん》」を自分《じぶん》の体《からだ》に見《み》たてて、治《なお》したい部分《ぶぶん》をタオルでふいたり洗《あら》うなどする。

とげぬき地蔵《じぞう》

お百《ひゃく》度《ど》参《まい》り

ハンパな気持《きも》ちじゃできません

どうしても神《かみ》さま・ほとけさまの力《ちから》がほしかったら、来《き》てください。切実《せつじつ》な願《ねが》いを、なんとかかなえてあげるために、わたしは立《た》っています。

えっ、わたし？　社寺《しゃじ》の入《い》り口《ぐち》にいる石《いし》の柱《はしら》で、百度石《ひゃくどいし》と申《もう》します。お百《ひゃく》度参《どまい》りの目印《めじるし》とでもいいましょうかね。みなさんわたしのところから本殿《ほんでん》や本堂《ほんどう》まで行《い》ってお参《まい》りし、わたしのところにもどるのをくり返《かえ》して、願掛《がんか》けなさいます。わたしのところで裸足《はだし》になる方《かた》もいらっしゃるんですよ。真冬《まふゆ》なんかもう、寒《さむ》くて寒《さむ》くて体《からだ》は凍《こご》えます。足《あし》がかじかんでしびれてきても歩《ある》き通《とお》すのですから、すごい覚悟《かくご》ですよねぇ。裸足《はだし》じゃなくても十分《じゅうぶん》だと思《おも》いますよ。熱心《ねっしん》なお参《まい》りは、よほどの願《ねが》いごとだろうと、きっと神《かみ》さまもほとけさまも聞《き》きとどけてくださいますよ。

でも、なにしろ100回《かい》ですから、何度目《なんどめ》かわからなくなると困《こま》ります。小《こ》石《いし》や竹串《たけぐし》などを100用意《ようい》しておいて、ひとつずつ置《お》いていくといいですよ。人《ひと》に見《み》られずにお参《まい》りできると、なおいいのですがねぇ……。

♠大事《だいじ》な願《ねが》いをかなえるために

・「お百度詣《ひゃくどもう》で」・「お百度《ひゃくど》まわり」ともいい、多数《たすう》の神仏《しんぶつ》のもとにではなく1か所《しょ》の神仏《しんぶつ》に、多数回参拝《たすうかいさんぱい》する。お参《まい》りすることを「お百度《ひゃくど》を踏《ふ》む・打《う》つ・上《あ》げる」などとも。

・仕事上《しごとじょう》の頼《たの》み事《ごと》のために何度《なんど》も同《おな》じ人《ひと》や場所《ばしょ》を訪問《ほうもん》することも、「お百度《ひゃくど》を踏《ふ》む」と表現《ひょうげん》する。

お百度参《ひゃくどまい》り

虚空蔵《こくぞう》さま

「知恵《ちえ》もらい・知恵参《ちえまい》り」の折《お》りに

わたしは、かぎりない慈悲《じひ》と知恵《ちえ》のほとけ、虚空蔵菩薩《こくうぞうぼさつ》である。親《した》しみをこめて「こくぞうさん」と呼《よ》ばれることも多《おお》い。

13歳《さい》になったら、わたしのもとへ参《まい》るがよい。13歳《さい》といえば、生《う》まれてからの十二支《じゅうにし》がひと回《まわ》りして2巡目《じゅんめ》に入《はい》る歳《とし》。新《あら》たな知恵《ちえ》を得《え》て成長《せいちょう》するころだ。

おもに関西地方《かんさいちほう》では、

「難波《なにわ》より　十三参《じゅうさんまい》り　十三里《じゅうさんり》　もらいにのぼる　知恵《ちえ》もさまざま」

と、京都市《きょうとし》嵐山《あらしやま》の法輪寺《ほうりんじ》を訪《おとず》れる子《こ》がいるのも知《し》られておる。自分《じぶん》の好《す》きな漢字《かんじ》を1字《じ》、半紙《はんし》に書《か》いて持《も》ってきては、わたしに奉納《ほうのう》するのだよ。

法輪寺《ほうりんじ》からの帰《かえ》り道《みち》ではひとつ、気《き》をつけてもらいたいことがある。うしろを振《ふ》り向《む》かないことじゃ。もし、本殿《ほんでん》を振《ふ》り返《かえ》ったり、川《かわ》にかかる渡月橋《とげつきょう》を渡《わた》り終《お》えるまでに振《ふ》り返《かえ》ると、せっかくわたしが授《さず》けた知恵《ちえ》を失《うしな》ってしまうのでな。しっかり前《まえ》を見《み》て、歩《あゆ》んでおくれ。

地域《ちいき》の産業《さんぎょう》や信仰《しんこう》との結《むす》びつき

- 京都《きょうと》では、西陣織《にしじんおり》などが盛《さか》んになる過程《かてい》で成立《せいりつ》したと考《かんが》えられるお参《まい》りの習慣《しゅうかん》。大人《おとな》の寸法《すんぽう》に布《ぬの》を裁《た》って仕立《した》てた着物《きもの》を、肩《かた》で縫《ぬ》い縮《ちぢ》めて着《き》せる「本裁《ほんだ》ち」の着物《きもの》を、七五三《しちごさん》や十三参《じゅうさんまい》りを機《き》に仕立《した》てる場合《ばあい》がある。
- 地域《ちいき》の成人儀礼《せいじんぎれい》が、知恵増進《ちえぞうしん》・開運《かいうん》・13に関係深《かんけいぶか》い虚空蔵寺院《こくうぞうじいん》と結《むす》びついたものでは、茨城県《いばらきけん》の虚空蔵堂《こくうぞうどう》、福島県《ふくしまけん》の円蔵寺《えんぞうじ》、千葉県《ちばけん》の円盛院《えんせいいん》、大阪市《おおさかし》の太平寺《たいへいじ》、奈良市《ならし》の弘仁寺《こうにんじ》なども。山形県《やまがたけん》の置賜地方《おきたまちほう》では、山《やま》への成人登拝《せいじんとうはい》が寺院行事《じいんぎょうじ》に結《むす》びついている。

虚空蔵《こくぞう》さま

おしらさま

東北地方《とうほくちほう》の屋敷神《やしきがみ》なんだよ

おらたちは、男女一対《だんじょいっつい》の蚕《かいこ》の神《かみ》。「おしら」って、蚕《かいこ》のことだからね。桑《くわ》の木《き》の棒《ぼう》が体《からだ》で、先《さき》っぽに顔《かお》があるのよ。男性《だんせい》のほうは馬《うま》の顔《かお》だったり人《ひと》の顔《かお》だったり。女性《じょせい》のほうは姫《ひめ》の顔《かお》よ。お祭《まつ》りのたびに新《あたら》しいオセンダグという着物《きもの》を着《き》せられて、100枚《まい》も重《かさ》ね着《ぎ》してることもあるわ。やせっぽっちのおらたちには、重《おも》いのなんのって。でも、人間《にんげん》たちの祈《いの》りがこめられているから、文句《もんく》いったら失礼《しつれい》になるでしょ。がまんがまん。おらたちのお祭《まつ》りの日《ひ》は、「命日《めいにち》」というんだよ。旧家《きゅうか》の神棚《かみだな》や床《とこ》の間《ま》にいるおらたちを女《おんな》の子《こ》がおんぶして遊《あそ》んでくれたり、ばっちゃが祭文《さいもん》を唱《とな》えたりしてくれるんだ。

蚕《かいこ》の神《かみ》っていったけど、それだけじゃないんだよ。ときには目《め》の神《かみ》だったり、馬《うま》の神《かみ》、狩《か》りや農業《のうぎょう》の神《かみ》にもなるから、あっちに行《い》ったりこっちに行《い》ったりして変身《へんしん》！　地震《じしん》や火事《かじ》の予知能力《よちのうりょく》ももっているから、「おしらせさま」っていわれたりもするんだ。

おらたちの悪口《わるくち》は、いっちゃいけねえだよ。ある人《ひと》に「ただの桑《くわ》の木《き》だ」なんていわれたときにゃ、その人《ひと》の息子《むすこ》を事故《じこ》にあわせてやっただ。機嫌《きげん》をそこねると、怖《こわ》いからな。

「おしら祭文《さいもん》」とは

・おしらさまの由来《ゆらい》を説《と》く語《かた》り物《もの》。「きまん（金満《きんまん》）長者物語《ちょうじゃものがたり》」「せんだん栗毛《くりげ》」「岩木山《いわきさん》一代記《いちだいき》」などがあり、イタコという巫女《みこ》を頼《たの》んで語《かた》ってもらったりする。おしらさま信仰《しんこう》はおもに東北地方《とうほくちほう》だが、関東周辺《かんとうしゅうへん》の養蚕地《ようさんち》に残《のこ》るところもある。

おしらさま

おみくじ・末吉《すえきち》

明《あか》るい運勢《うんせい》が開《ひら》けますように……

ぼくたち、神社《じんじゃ》やお寺《てら》でみなさんをお待《ま》ちしてます。なにかの節目《ふしめ》のときや、相談《そうだん》ごとや悩《なや》みごとがあるとき、神社《じんじゃ》やお寺《てら》に来《き》てお参《まい》りするでしょ。そのとき、ついでにというか、引《ひ》き寄《よ》せられるように、ぼくたちに会《あ》いにくる人《ひと》が多《おお》いんだよ。

そう、ぼくたちはおみくじ。引《ひ》いてくれた人《ひと》に、いまよりしばしの運勢《うんせい》を伝《つた》えるんだ。ぼくはね「末吉《すえきち》」で末《すえ》っ子《こ》なの。大吉《だいきち》、吉《きち》、中吉《ちゅうきち》、小吉《しょうきち》の兄《にい》さんがいるんだよ。運《うん》に恵《めぐ》まれない大凶《だいきょう》、凶《きょう》ちゃんなどもいっしょに住《す》んでいて、だれがきみと引《ひ》きあうかはわからないんだ。でも、吉《きち》や凶《きょう》という名前《なまえ》だけで判《はん》断《だん》しないで、運勢《うんせい》の説明《せつめい》の部分《ぶぶん》をじっくりと読《よ》んでね。ぼくたちはそれぞれ大《たい》切《せつ》に、ことばを選《えら》んでいるから。読《よ》み終《お》わったら、くれぐれも木《き》の枝《えだ》なんかじゃなく、おみくじ掛《か》けに結《むす》ぶか、おうちに連《つ》れて帰《かえ》ってよね。大切《たいせつ》に持《も》っていて、なにかあったときに読《よ》み返《かえ》すといいよ。「神《かみ》もほとけもない」なんてなげかないで。「困《こま》ったときの神《かみ》だのみ」でいいんだからね。

くじの一種《いっしゅ》

・くじによって神意《しんい》を占《うらな》う方法《ほうほう》で「神籤《みくじ》・御籤《みくじ》・仏籤《みくじ》」などと書《か》く。「お・み」は接頭語《せっとうご》。古《ふる》い時代《じだい》には命名《めいめい》や家督《かとく》（家《いえ》を継《つ》ぐ子《こ》）の決定《けってい》も御籤《みくじ》によったといわれる。結《むす》びつける習慣《しゅうかん》は「神《かみ》さまとの縁《えん》を結《むす》ぶ」として、江戸時代《えどじだい》から始《はじ》まった。

「吉《きち》」は、どのくじの次《つぎ》に位置《いち》している順番《じゅんばん》なの？

・神社本庁《じんじゃほんちょう》も明言《めいげん》はできないといい、大吉《だいきち》の次《つぎ》、小吉《しょうきち》の次《つぎ》など地域《ちいき》によってちがう。

おみくじ・末吉《すえきち》

天神《てんじん》さま

学問《がくもん》の神《かみ》であるぞ

われは菅原道真《すがわらのみちざね》。人《ひと》として生《い》きていたのは平安時代《へいあんじだい》であった。代々《だいだい》、学者《がくしゃ》の家柄《いえがら》で、文章博士《もんじょうはかせ》の職《しょく》から、右大臣《うだいじん》という政界《せいかい》のトップにも昇進《しょうしん》した。しかし、ライバルの陰謀《いんぼう》というのは付《つ》きものでな、とつぜん九州《きゅうしゅう》の太宰府《だざいふ》に転《てん》勤《きん》。意《い》に染《そ》まぬ田舎《いなか》暮《ぐ》らしのストレスで病《やまい》におかされ、この世《よ》を去《さ》ったのは、まだ59歳《さい》のときだった。

その後《ご》、京《きょう》の都《みやこ》では天変地異《てんぺんちい》がさまざま起《お》こり、われをねたんで追《お》い落《お》としたライバルも急死《きゅうし》。その子孫《しそん》までもが相次《あいつ》いで亡《な》くなり、人《ひと》びとは、われの怨霊《おんりょう》の祟《たた》りだと噂《うわさ》し、恐《おそ》れおののいた。そこで朝廷《ちょうてい》は、あわててわれの官位《かんい》を回復《かいふく》するなどしていたが、ついには御所《ごしょ》に落《お》ちた大《おお》きな雷《かみなり》で役人《やくにん》たちが亡《な》くなる騒動《そうどう》も起《お》きたゆえ、祟《たた》りからのがれるべく、われを神《かみ》に昇格《しょうかく》させたのよ。天満大自在天神《てんまだいじざいてんじん》としてな。いまや天満宮《てんまんぐう》は日本各地《にほんかくち》にある。

あまりの不運《ふうん》をなげきながらこの世《よ》を去《さ》ったのも、いまは昔《むかし》。われは天《てん》から降臨《こうりん》する天神《てんじん》となり、邪悪《じゃあく》をこらしめる神《かみ》、学問《がくもん》の神《かみ》としてあがめられている。受験《じゅけん》シーズンには、たくさんの受験生《じゅけんせい》が合格祈願《ごうかくきがん》にきて、絵馬《えま》に祈《いの》りのことばを書《か》いたり、お守《まも》りを買《か》って帰《かえ》る。にぎやかなものよ。

文章博士《もんじょうはかせ》とは

・古代《こだい》の大学《だいがく》で詩文《しぶん》と歴史《れきし》を教《おし》えた教官《きょうかん》。その職《しょく》につく者《もの》は1～2名《めい》のみで、天皇《てんのう》をはじめ摂政《せっしょう》・関白《かんぱく》などの政治家《せいじか》と会《あ》う機会《きかい》も多《おお》く、ほかの官職同様《かんしょくどうよう》に菅原氏《すがわらし》など特定《とくてい》の家系《かけい》が世襲《せしゅう》し、社会的地位《しゃかいてきちい》が高《たか》かった。

天神《てんじん》さま

絵馬《えま》

いまかなえたい願《ねが》いごとは、なあに？

わたし、願掛《がんか》けアイテムのひとつなの。木《き》の板《いた》の短冊《たんざく》みたいな感覚《かんかく》かしら。お守《まも》りさんたちと並《なら》んで、お寺《てら》や神社《じんじゃ》で売《う》られているのを見《み》かけるでしょ。訪《おとず》れた人《ひと》が願《ねが》いごとを書《か》いて、絵馬掛《えまか》けの棚《たな》にかけてくれるわけ。合格祈願《ごうかくきがん》のものが多《おお》いわぁ。折《お》り重《かさ》なってぎっしり。息《いき》もできないくらいよ。苦《くる》しいときの神《かみ》だのみって、いつの世《よ》でも変《か》わらないものなのねぇ。

いまでこそ個人的《こじんてき》な願《ねが》いを書《か》くけど、昔《むかし》は、大勢《おおぜい》で地域全体《ちいきぜんたい》の恵《めぐ》みを願《ねが》って、神《かみ》さまに乗《の》っていただく生《い》きた馬《うま》を奉納《ほうのう》していたのよ。それが時代《じだい》とともに、木《き》や土《つち》の馬《うま》の人形《にんぎょう》になって、板《いた》に馬《うま》の絵《え》を描《か》いて納《おさ》めるようになって、文字《もじ》のお願《ねが》いごとも書《か》くようになってきたってわけなの。

お薬師《やくし》さまを祀《まつ》っているところでは、目《め》を治《なお》してもらおうと「め」の字《じ》を絵《え》のようにして描《か》いたり、腫《は》れ物《もの》やいぼを治《なお》してもらおうとタコの絵《え》を描《か》いたり。赤《あか》ちゃんの絵《え》で、子宝祈願《こだからきがん》や無事《ぶじ》な成長《せいちょう》を願《ねが》ったり……。まぁじつにさまざまな祈《いの》りを託《たく》されるのよ、わたしたち。

願《ねが》いがかなったら、神《かみ》さまへのお礼《れい》に、ぜひまたわたしを奉納《ほうのう》してね。

大絵馬《おおえま》と小絵馬《こえま》

・鎌倉時代《かまくらじだい》からは絵師《えし》も絵馬制作《えませいさく》に関《かか》わり、図柄《ずがら》が多様化《たようか》。見上《みあ》げるほど大型《おおがた》の絵《え》が並《なら》び、画力《がりょく》を誇示《こじ》する場《ば》ともなる。庶民《しょみん》は祭礼《さいれい》や年中行事《ねんちゅうぎょうじ》の折々《おりおり》に小型《こがた》のものを奉納《ほうのう》した。

絵馬《えま》

恵比寿《えびす》

インターナショナルな神々《かみがみ》の中《なか》で

7人《にん》の神《かみ》たちが楽《たの》しそうに乗《の》っている帆掛《ほか》け船《ぶね》を知《し》っておるか。千両箱《せんりょうばこ》や金袋《かねぶくろ》、珊瑚《さんご》などを積《つ》んだ「宝船《たからぶね》」といってのう、船《ふね》には、インド出身《しゅっしん》の大黒天《だいこくてん》に毘沙門天《びしゃもんてん》に弁財天《べんざいてん》、中国出身《ちゅうごくしゅっしん》の福禄寿《ふくろくじゅ》と寿老人《じゅろうじん》に混《ま》じって、わしがいる。なんとも国際的《こくさいてき》なメンバーじゃ。

わしか？　ただひとり日本生《にほんう》まれの、恵比寿《えびす》だ。全員《ぜんいん》そろって七福神《しちふくじん》と申《もう》す、幸福《こうふく》をもたらす神《かみ》たちなのじゃよ。

かといって、いつも7人《にん》でいるわけではないぞ。ふだんは別々《べつべつ》に暮《く》らしておって、宝船《たからぶね》に乗《の》るときだけ集《あつ》まる。お正月《しょうがつ》がくると、七福神巡《しちふくじんめぐ》りといって、たくさんの人《ひと》たちが訪《たず》ねてきてくれるんじゃ。

わしは右手《みぎて》に釣《つ》り竿《ざお》、左手《ひだりて》に大《おお》きなタイをかかえている漁業航海《ぎょぎょうこうかい》の神《かみ》。漁《りょう》師《し》などに信仰《しんこう》されていたんじゃが、商売繁盛《しょうばいはんじょう》の神《かみ》として商人《しょうにん》たちにも信仰《しんこう》されるようになった。農村《のうそん》では豊作《ほうさく》の神《かみ》といわれるようにもなってなぁ。あっちに呼《よ》ばれこっちに呼《よ》ばれ、行《い》く先々《さきざき》で性格《せいかく》まで変《か》えなければならんのじゃから、いや、忙《いそが》しいのなんのって。

お正月《しょうがつ》には、わしらの絵《え》を枕《まくら》の下《した》にしいて、いい初夢《はつゆめ》をみておくれ。

♠日本生《にほんう》まれの神《かみ》さま

・七福神信仰《しちふくじんしんこう》が登場《とうじょう》するのは室町時代《むろまちじだい》の末《すえ》。財宝《ざいほう》や官位《かんい》を得《え》たいという現世利益《げんせりやく》の考《かんが》えにともなって生《う》まれた。現在《げんざい》のメンバーは江戸時代《えどじだい》に定《さだ》まったといわれる。恵比寿神《えびすしん》は、神無月《かんなづき》に神々《かみがみ》が出雲《いずも》に出《で》かけているあいだの「留守神《るすがみ》」としても知《し》られている。

恵比寿《えびす》

瘧神《おこりがみ》

ことわざに、「死《し》んで花実《はなみ》が咲《さ》くものか」というが

わがはいは、瘧《おこり》（マラリア）という病《やまい》を治《なお》す神《かみ》。人間《にんげん》だったころの名《な》は、幸《こう》坂甚内《さかじんない》と申《もう》す。忍者《にんじゃ》やら大泥棒《おおどろぼう》やら、裏《うら》の世界《せかい》で生《い》きていた。

たちの悪《わる》い蚊《か》にさされると、数日《すうじつ》して高《たか》い熱《ねつ》がでて体《からだ》が震《ふる》えてとまらなくなり、下《さ》がってもまた急《きゅう》に上《あ》がる。そのやっかいな病《やまい》に、いつのまにか、わがはいもかかっていた。あるとき、捕《と》り方《かた》に追《お》われて逃《に》げる途中《とちゅう》、江戸《えど》は浅草《あさくさ》、鳥越橋《とりごえばし》の真《ま》ん中《なか》で、熱《ねつ》でついに動《うご》けなくなった。捕《と》らえられ、市中引《しちゅうひ》き回《まわ》しのうえ、刑場《けいじょう》に連《つ》れていかれたのは夏《なつ》の暑《あつ》い盛《さか》り。いよいよ今生《こんじょう》の別《わか》れのとき、わがはいは見物衆《けんぶつしゅう》に向《む》かい、喉《のど》から声《こえ》をふりしぼってさけんでしまった。

「わしは、瘧《おこり》にかかっていたから、逃《に》げられず捕《つか》まってしまったのだ。死《し》んだら、わしを祀《まつ》るがいい。瘧《おこり》に苦《くる》しむ人《ひと》がいたら、治《なお》してやる」

死《し》の間際《まぎわ》、なぜそんなことを口走《くちばし》ったのか。このまま死《し》ねば、ただの悪党《あくとう》として名《な》が残《のこ》るだけ、それがくやしかったからかもな。だが、以後《いご》ほんとうに鳥《とり》越橋《ごえばし》には患者《かんじゃ》が来《く》るようになり、やがて刑場《けいじょう》のそばに、わがはいを本尊《ほんぞん》とする社《やしろ》が建《た》った。わがはいの場合《ばあい》は、あのことわざに反《はん》して、死後《しご》に栄誉《えいよ》を得《え》てしまったわ。

戦国《せんごく》の世《よ》から江戸時代初期《えどじだいしょき》にかけて生《い》きた人物《じんぶつ》

・処刑《しょけい》され「甚内霊神《じんないれいじん》」と祀《まつ》られるようになる甚内《じんない》は「幸坂《こうさか》」「向坂《こうさか》」「高坂《こうさか》」「香坂《こうさか》」「勾《こう》坂《さか》」など表記《ひょうき》は諸説《しょせつ》あり、人物《じんぶつ》としても「父《ちち》は武田《たけだ》家《け》の家臣《かしん》だった」「宮本武蔵《みやもとむさし》に剣《けん》を学《まな》び破門《はもん》された」など諸説《しょせつ》ある。

瘧神
おこりがみ

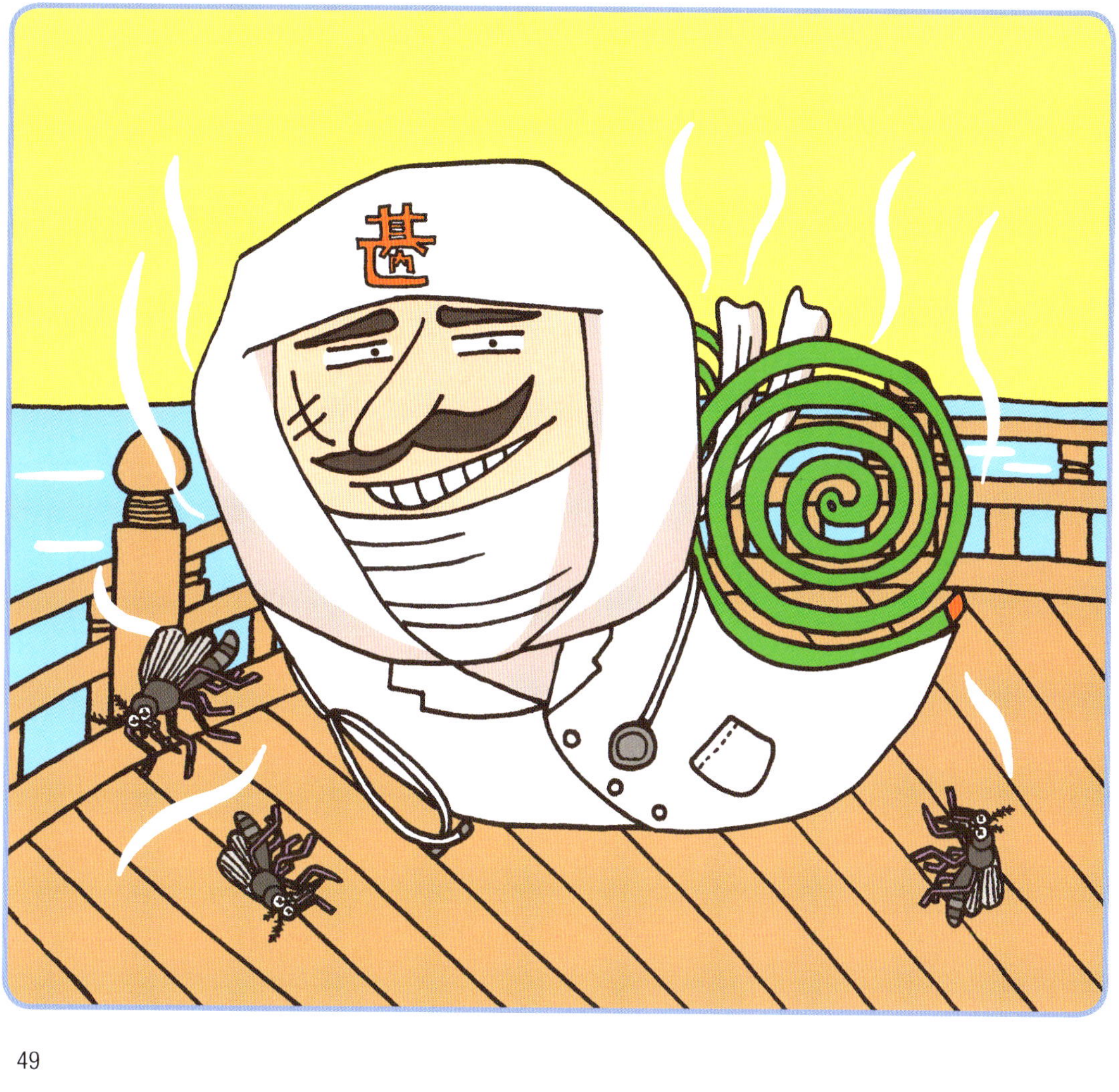

3章《しょう》

季節《きせつ》の行事《ぎょうじ》

農業《のうぎょう》や漁業《ぎょぎょう》、林業《りんぎょう》といった仕事《しごと》は、季節《きせつ》の変化《へんか》と深《ふか》い結《むす》びつきがあります。五穀豊穣《ごこくほうじょう》や豊漁《ほうりょう》を祈《いの》る儀礼《ぎれい》や祭《まつ》りなどが、長《なが》い年月《ねんげつ》のうちに意味《いみ》あいを変化《へんか》させながら年中行事《ねんちゅうぎょうじ》として定着《ていちゃく》したものもあります。端午《たんご》の節句《せっく》といわれる5月《がつ》5日《か》は、月《つき》の初《はじ》めの午《うま》の日《ひ》（端午《たんご》）に、生命力《せいめいりょく》が高《たか》まった季節《きせつ》の薬草《やくそう》を摘《つ》んで薬《くすり》にし、厄《やく》よけのショウブを飾《かざ》る日《ひ》でした。江戸時代《えどじだい》には男《おとこ》の子《こ》の祝《いわ》いの日《ひ》となり、いまでは「こどもの日《ひ》」と称《しょう》されていますね。いくつかの行事《ぎょうじ》のようすを見《み》てみましょう。

シルエットクイズ3 わたしはだれ？（答《こた》えは94、95ページ）

③

十五夜《じゅうごや》の、ひと月《つき》あとのお月見《つきみ》よ

①

稲荷大社《いなりたいしゃ》のお祭《まつ》りの日《ひ》

④

11月《がつ》の酉《とり》の日《ひ》にたつ市《いち》のこと

②

♪五《ご》〜人囃子《にんばやし》の笛太鼓《ふえたいこ》

門松《かどまつ》

歳神《としがみ》さまにとっての目印《めじるし》なんだよ

お正月《しょうがつ》が近《ちか》づくとぼくは家《いえ》の門《かど》に立《た》つ。みんな門松《かどまつ》と呼《よ》んでくれるけど、ただのお飾《かざ》りじゃない。大晦日《おおみそか》に遠《とお》くから訪《おとず》れてくる歳神《としがみ》さまが、ぼくのところでひと休《やす》みする。それからゆるゆると家《いえ》にあがって、お正月《しょうがつ》をすごされるんだ。

ぼくは、歳神《としがみ》さまが乗《の》り移《うつ》るための依代《よりしろ》というものさ。人間《にんげん》が、12月《がつ》13日《にち》にぼくを山《やま》から伐《き》ってくる。大切《たいせつ》な神《かみ》さまをお迎《むか》えする役目《やくめ》だからね、しばらくは座敷《ざしき》や床《とこ》の間《ま》に供《そな》えて、暮《く》れの大掃除《おおそうじ》がすんだら、門口《かどぐち》に立《た》ててくれるんだ。29日《にち》は「9：苦《く》」が「末《まつ》：待《ま》つ」につながるし、31日《にち》じゃ「一夜飾《いちやかざ》り」になっちゃうし、30日《にち》も旧暦《きゅうれき》では「晦日《みそか》」だから、28日《にち》までに立《た》ててくれる？

でもいまは、ぼくを立《た》ててくれる家《いえ》も少《すく》ないよね。歳神《としがみ》さまは電波《でんぱ》に乗《の》った「紅白歌合戦《こうはくうたがっせん》」の歌声《うたごえ》や「行《ゆ》く年《とし》、来《く》る年《とし》」の除夜《じょや》の鐘《かね》の音《ね》に導《みちび》かれながら舞《ま》い降《お》りるのかなぁ。昔《むかし》はゆずり葉《は》に乗《の》って、ゆっくりゆらゆらやっていらしたんだけどねぇ。

歳神《としがみ》さまがのんびりする1月《がつ》15日《にち》（あるいは7日《か》）までは「松《まつ》の内《うち》」。ぼくは歳神《としがみ》さまも帰《かえ》られた15日《にち》の小正月《こしょうがつ》に、どんど焼《や》きで燃《も》やされてしまうんだ。

「門松《かどまつ》は冥土《めいど》の旅《たび》の一里塚《いちりづか》　めでたくもあり　めでたくもなし」

・とんち話《ばなし》で有名《ゆうめい》な一休《いっきゅう》さんが、人生《じんせい》を旅《たび》に例《たと》えたもの。正月《しょうがつ》の門松《かどまつ》を立《た》てるごとに年《とし》を重《かさ》ね、死《し》に一歩《いっぽ》ずつ近《ちか》づくということで、うれしさとさびしさを感《かん》じるという意味《いみ》。

門松《かどまつ》

節分《せつぶん》

はずかしがらず、大声《おおごえ》でさけんでおくれ

本来《ほんらい》ならば、わしは1年《ねん》に4回登場《かいとうじょう》する。立春《りっしゅん》、立夏《りっか》、立秋《りっしゅう》、立冬《りっとう》という、季節《きせつ》の変《か》わり目《め》になる日《ひ》があるじゃろ。それらの前夜《ぜんや》に現《あらわ》れるのだ。とくに、冬《ふゆ》から春《はる》になる境《さかい》の日《ひ》は、旧暦《きゅうれき》では新年《しんねん》を迎《むか》える前日《ぜんじつ》の大晦日《おおみそか》。わしの最大《さいだい》のイベントじゃよ。

悪《わる》い鬼《おに》が侵入《しんにゅう》しないように、イワシの頭《あたま》とトゲのあるヒイラギの小枝《こえだ》を戸《と》口《ぐち》にさし、日《ひ》が落《お》ちると豆《まめ》まきをする。

どうして豆《まめ》をまくのかって? 季節《きせつ》の変《か》わり目《め》にやってくる病気《びょうき》や災難《さいなん》をもたらす鬼《おに》を追《お》いはらうためじゃよ。煎《い》って升《ます》に入《い》れた豆《まめ》を、「鬼《おに》は外《そと》 福《ふく》は内《うち》」とさけびながら、まくのだ。それから家族《かぞく》みんなで自分《じぶん》の年齢《ねんれい》の数《かず》だけ豆《まめ》を食《た》べ、無病息災《むびょうそくさい》を祈《いの》る。囲炉裏《いろり》で豆占《まめうら》もするぞ。囲炉裏《いろり》の火《ひ》のまわりに12粒《つぶ》の大豆《だいず》を並《なら》べて、焼《や》け具合《ぐあい》で1年《ねん》の作物《さくもつ》の出来《でき》や天候《てんこう》を占《うらな》うのだ。

かつては近所中《きんじょじゅう》に響《ひび》きわたっていたかけ声《ごえ》も、あまり聞《き》かれなくなったな。お寺《てら》や神社《じんじゃ》などで有名人《ゆうめいじん》が豆《まめ》まきをするのを、テレビで見《み》ている。それでいいのかのぉ。自分《じぶん》の家《いえ》をおろそかにしていないかのぉ。

2月《がつ》3日《か》は鬼《おに》の厄日《やくび》

・大晦日《おおみそか》の夜《よる》に鬼《おに》をはらうために宮中《きゅうちゅう》で行《おこな》われた儀式《ぎしき》を、「追儺《ついな》・鬼《おに》やらい」などという。鬼払《おにばら》い役《やく》が、恐《おそ》ろしい面《めん》をつけ、ほことたてを持《も》って、頭《あたま》に赤《あか》い布《ぬの》を巻《ま》いて紺《こん》の衣《ころも》をまとった子《こ》どもたちを引《ひ》き連《つ》れて鬼退治《おにたいじ》をした。それが地方《ちほう》に伝《つた》わり、いろいろな形《かたち》で地域《ちいき》の風習《ふうしゅう》として節分《せつぶん》の行事《ぎょうじ》となった。

節分
せつぶん

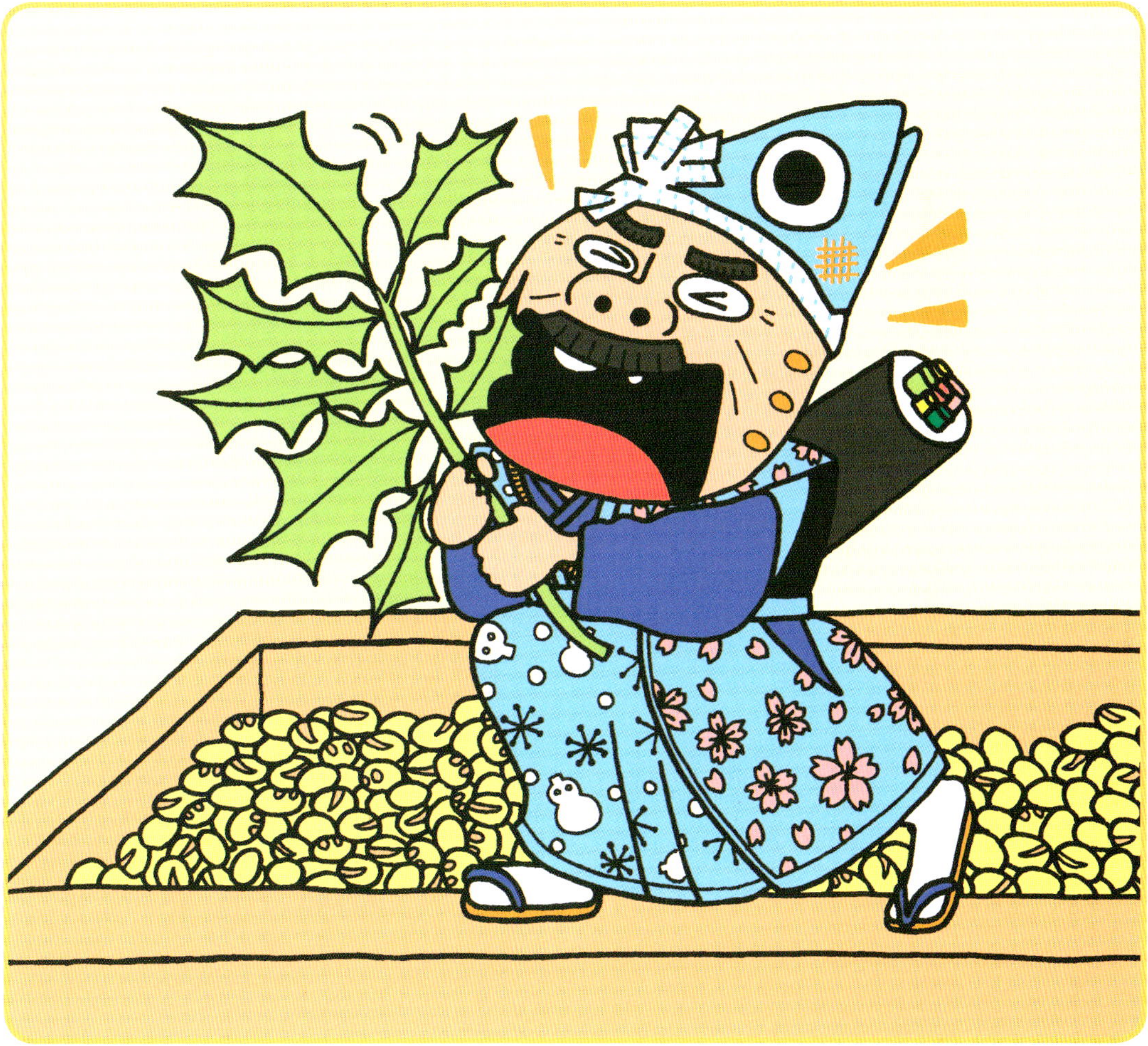

初午《はつうま》・きつね

今年《ことし》も春《はる》がやってきた！

おれさまはきつね。稲荷神《いなりのかみ》のお使《つか》いだ。人間《にんげん》に化《ば》けてたぶらかす悪《わる》いやつのように伝《つた》わっていたりするが、畑《はたけ》を荒《あ》らす野《の》うさぎや野《の》ねずみを食《た》べるから、昔《むかし》は敬《うやま》われていたんだぞ。

京都《きょうと》に、総本社《そうほんじゃ》の伏見稲荷大社《ふしみいなりたいしゃ》があってな、稲荷《いなり》の神《かみ》さまが、春先《はるさき》に馬《うま》に乗《の》ってここに降《お》りてきたといわれている。だから、そろそろ暖《あたた》かくなって農作《のうさ》業《ぎょう》が始《はじ》められるころの月《つき》の、初《はじ》めての午《うま》（馬《うま》）の日《ひ》に、豊作《ほうさく》を祈《いの》って祭《まつ》りをするんだ。いまじゃ暦《こよみ》がずれて、祭《まつ》りの季節《きせつ》が冬《ふゆ》になってしまっているけどな。

よくまちがえられるが、おれさまは神《かみ》ではなく、あくまでお使《つか》いだ。もともと稲荷神《いなりのかみ》は農耕《のうこう》の神《かみ》さまなので、山《やま》と里《さと》を往来《おうらい》する。で、おれさまも山《やま》と里《さと》を行《い》ったり来《き》たりするものだから、田《た》の神《かみ》の使者《ししゃ》と考《かんが》えられるようになってな。おれさまの鳴《な》き声《ごえ》や動作《どうさ》で、作物《さくもつ》の出来《でき》を占《うらな》ったりするようになったわけさ。

祭《まつ》りのときには「正一位稲荷大明神《しょういちいいなりだいみょうじん》」の大《おお》きなノボリが立《た》って、赤飯《せきはん》や油《あぶら》揚《あ》げなどが供《そな》えられる。好物《こうぶつ》の油揚《あぶらあ》げをたらふく食《く》って稲荷《いなり》の神《かみ》さまを守《まも》りつづけるのが、おれさまの使命《しめい》なのだ。

稲荷信仰《いなりしんこう》

・稲荷神《いなりのかみ》は別名《べつめい》を「宇迦之御魂大神《ウカノミタマノオオカミ》」といい、『日本書紀《にほんしょき》』には「倉稲魂命《ウカノミタマノミコト》」とある。倉《くら》に納《おさ》められた稲《いね》の魂《たましい》を示《しめ》す神《かみ》さまの名前《なまえ》。江戸時代《えどじだい》には商売繁盛《しょうばいはんじょう》の神《かみ》となる。

稲荷祭《いなりまつ》り

・初午《はつうま》の日《ひ》の稲荷《いなり》の祭《まつ》りは江戸時代《えどじだい》に、とくに歌舞伎《かぶき》の関係者《かんけいしゃ》が、お客《きゃく》の大入《おおい》りや安全《あんぜん》を祈願《きがん》し、稲荷神《いなりのかみ》を守護神《しゅごしん》として祀《まつ》った。

初午《はつうま》・きつね

ひなまつり・緋毛氈《ひもうせん》

旬《しゅん》の植物《しょくぶつ》から生命力《せいめいりょく》をもらい、邪気《じゃき》をはらう日《ひ》

知《し》らない人《ひと》が多《おお》いと思《おも》うけど、もともとは「上巳《じょうし》の節句《せっく》」というの。上巳《じょうし》ってね、3月《がつ》の最初《さいしょ》の巳《み》（ヘビ）の日《ひ》のこと。人形《ひとかた》の紙片《しへん》（形代《かたしろ》）に心身《しんしん》のけがれを託《たく》して、おはらいを受《う》けたり川《かわ》に流《なが》したりする日《ひ》だったのよ。それが女《おんな》の子《こ》のお祝《いわ》いの日《ひ》になったのは、江戸時代《えどじだい》のこと。段飾《だんかざ》りのおひなさまがようやく登場《とうじょう》したの。もう、大変身《だいへんしん》でしょ！

わたしは緋毛氈《ひもうせん》。華《はな》やかな着物《きもの》を着《き》たお内裏《だいり》さまに三人官女《さんにんかんじょ》や五人囃子《ごにんばやし》、右《う》大臣《だいじん》に左大臣《さだいじん》と、勢《せい》ぞろいした豪華《ごうか》キャストをお迎《むか》えする、赤《あか》い敷物《しきもの》よ。

ひなまつりには、さまざまな春色《はるいろ》の面々《めんめん》も呼《よ》ばれるわね。厄《やく》よけに桃《もも》の花《はな》さんが飾《かざ》られ、白酒《しろざけ》さんやヨモギの香《かお》る草餅《くさもち》さんで邪気《じゃき》をはらう。菱餅《ひしもち》さんは、緑《みどり》に健康《けんこう》、白《しろ》に清《きよ》らかさ、桃色《ももいろ》に魔除《まよ》けの意味《いみ》があるの。ひなあられさんの色《いろ》づかいには、もう1色《しょく》の黄色《きいろ》を加《くわ》えて、四季《しき》を通《とお》しての健康《けんこう》が願《ねが》われたり。

お祝《いわ》いを終《お》えて、わたしたちひな人形《にんぎょう》セットをしまうときは、なるべく、晴《は》れて空気《くうき》の乾燥《かんそう》した日《ひ》を選《えら》んでね。押入《おしい》れの上段《じょうだん》やその上《うえ》の天袋《てんぶくろ》で、湿気《しっけ》を心配《しんぱい》せずに、おだやかに1年《ねん》を待《ま》ちたいもの。お願《ねが》いね。

五節句《ごせっく》（五節供《ごせっく》）のひとつ

・唐代《とうだい》の中国《ちゅうごく》の暦《こよみ》をもとに、気候《きこう》の変《か》わり目《め》である「節《せち》」に、宮中《きゅうちゅう》で邪気《じゃき》をはらう宴会《えんかい》が催《もよお》されるようになり、代表的《だいひょうてき》な5つは江戸時代《えどじだい》～1873（明治《めいじ》6）年《ねん》までは休日《きゅうじつ》だった。以下《いか》、（ ）内《ない》は別名《べつめい》→1月《がつ》7日《か》「人日《じんじつ》（七草《ななくさ》）の節句《せっく》」、3月《がつ》3日《か》「上巳《じょうし》（桃《もも》）の節句《せっく》」、5月《がつ》5日《か》「端午《たんご》（菖蒲《しょうぶ》）の節句《せっく》」、7月《がつ》7日《か》「七夕《たなばた》（笹《ささ》）の節句《せっく》」、9月《がつ》9日《か》「重陽《ちょうよう》（菊《きく》）の節句《せっく》」。

ひなまつり・緋毛氈《ひもうせん》

彼岸《ひがん》

暑《あつ》さ寒《さむ》さも彼岸《ひがん》まで

「この世《よ》」って、なにかと心《こころ》をまどわす欲望《よくぼう》がいっぱいの世界《せかい》だと思《おも》わない？人間《にんげん》たちは、ここは此岸《しがん》さんの持《も》ち場《ば》だっていうわ。「こっちのほう」、っていう意味《いみ》の名前《なまえ》なの。そして、亡《な》くなった人《ひと》たちが行《い》く「あの世《よ》」の世界《せかい》には、彼岸《ひがん》、つまり「あっちのほう」って名前《なまえ》をつけたの。それがわたし。

ふだんは此岸《しがん》さんのもとで暮《く》らす人《ひと》たちが、春《はる》と秋《あき》のお彼岸《ひがん》のときにはわたしの持《も》ち場《ば》に近《ちか》づいて、ご先祖《せんぞ》さまと心《こころ》を通《かよ》わせようとするのよね。春分《しゅんぶん》・秋分《しゅうぶん》の日《ひ》は、お日《ひ》さまが真西《まにし》に沈《しず》んで、昼《ひる》と夜《よる》の長《なが》さが同《おな》じになる、1年《ねん》に2回《かい》の日《ひ》でしょう。このときに早起《はやお》きをしてお弁当《べんとう》を持《も》って東《ひがし》へ東《ひがし》へと歩《ある》いて朝日《あさひ》を拝《おが》み、午後《ごご》は西《にし》に向《む》かって歩《ある》いて、日《ひ》の入《い》りを拝《おが》んでから帰《かえ》るという信《しん》仰《こう》があるのよ。道《みち》みち、お線香《せんこう》をたいたり、お米《こめ》を供《そな》えたりして、お日《ひ》さまを拝《おが》むわけ。「日迎《ひむか》え日送《ひおく》り」とか「ヒノトモ（日《ひ》の供《とも》・伴《とも》）」といわれたりするの。お日《ひ》さまのお供《とも》ってことよ、すごくない？

春分《しゅんぶん》・秋分《しゅうぶん》の日《ひ》は「お中日《ちゅうにち》」といって、この日《ひ》をはさむ前後《ぜんご》3日《か》、つまり7日間《かかん》に、お寺《てら》では彼岸会《ひがんえ》という先祖供養《せんぞくよう》の法会《ほうえ》をやるのよ。どちらもいい季《き》節《せつ》だから、ぜひお寺《てら》に行《い》ったり、お墓参《はかまい》りをしてね。

日本独自《にほんどくじ》の儀礼《ぎれい》

・彼岸《ひがん》ということばが最初《さいしょ》に登場《とうじょう》したのは、平安時代中期《へいあんじだいちゅうき》の『宇津保物語《うつほものがたり》』。お正月《しょうがつ》や夏《なつ》のお盆《ぼん》には、ご先祖《せんぞ》さまに我《わ》が家《や》でおもてなしするのに対《たい》し、お彼岸《ひがん》はこちらからご先祖《せんぞ》さまのところに出向《でむ》く期間《きかん》。

彼岸
ひがん

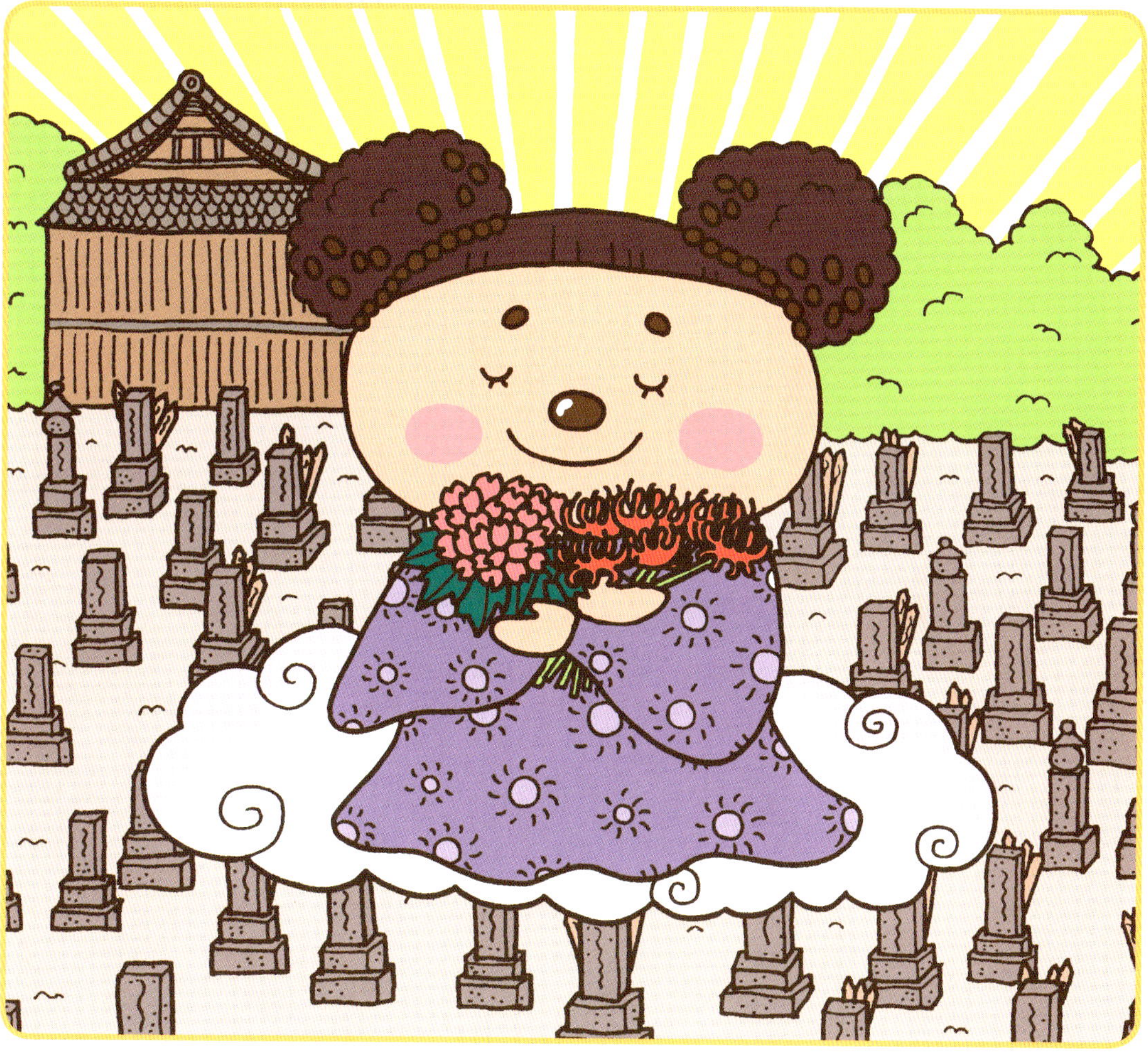

ほおずき市《いち》

夏《なつ》のお参《まい》りの風物詩《ふうぶつし》

いまでこそ赤《あか》くて大《おお》きな服《ふく》を着《き》てるわたしだけど、昔《むかし》はもっと小《ちい》さくて青《あお》い（緑《みどり》ってことよ）姿《すがた》だったのよね。江戸《えど》の愛宕神社《あたごじんじゃ》の「千日参《せんにちまい》り」のときに、お土産《みやげ》として売《う》られたものなの。6月《がつ》の一度《いちど》のお参《まい》りで千日《せんにち》、つまり3年《ねん》分《ぶん》のご利益《りやく》があるというんで、にぎわっていたのよ。

そういう習慣《しゅうかん》はお寺《てら》にもいくつか決《き》まった日《ひ》があってね、とくに7月《がつ》10日《か》は、やはり千日分《せんにちぶん》のご利益《りやく》があるんだって。そのうちに浅草《あさくさ》の浅草寺《せんそうじ》では、観《かん》世音菩薩《ぜおんぼさつ》さまのご利益《りやく》がなんと4万《まん》6000日分《にちぶん》！　といわれるようになったの。大《おお》きすぎて実感《じっかん》がない？　そうよね、126年分《ねんぶん》だもの。世界一長寿《せかいいちちょうじゅ》の人《ひと》だってその歳《とし》までは、というくらいの、一生分《いっしょうぶん》ってことよ。

そうなるともう、その日《ひ》に一番乗《いちばんの》りで参拝《さんぱい》しようと前日《ぜんじつ》から来《く》る人《ひと》も出《で》てきて大《おお》にぎわい。わたし、そちらへも呼《よ》ばれることになって、以来《いらい》、9日《か》と10日《か》の2日間《かかん》の市《いち》に出《で》ているわ。わたしが主役《しゅやく》になる前《まえ》は、雷《かみなり》よけの縁起物《えんぎもの》としての赤《あか》いトウモロコシさんや、さらに昔《むかし》にはお歯黒用品《はぐろようひん》さんや、お茶道具《ちゃどうぐ》の茶《ちゃ》せんさんが活躍《かつやく》してたんだって。風鈴《ふうりん》さんもいて、涼《すず》やかよ。会《あ》いにきてね。

ほおずきの効能《こうのう》は

・昔《むかし》は、青《あお》くて小粒《こつぶ》の薬用《やくよう》の品種《ひんしゅ》が漢方薬《かんぽうやく》として利用《りよう》されていた。現在《げんざい》のほおずき市《いち》で販《はん》売《ばい》されている園芸品種《えんげいひんしゅ》はあくまで観賞用《かんしょうよう》で、食用《しょくよう》ではないが、それとは別《べつ》に食用《しょくよう》ほおずきの品種《ひんしゅ》も各地《かくち》で栽培《さいばい》されており、ビタミンA《エー》やB《ビー》、鉄分《てつぶん》などをふくむアンチエイジング食材《しょくざい》として知《し》られる。

ほおずき市《いち》

盂蘭盆会《うらぼんえ》

先祖供養《せんぞくよう》は大《おお》いそがし！

里帰《さとがえ》りするほとけさまを、作法《さほう》にのっとってコーディネートするのがわたし、お盆《ぼん》ちゃん。毎年《まいとし》8月《がつ》は、故郷《こきょう》に帰《かえ》る人《ひと》たちで飛行機《ひこうき》や電車《でんしゃ》は大混雑《だいこんざつ》。道路《どうろ》も大渋滞《だいじゅうたい》ね。たくさんの人が、夏休みをお盆に合わせるから。

わたしの役目《やくめ》は、生《い》きている人《ひと》が、せめて数日《すうじつ》だけでもほとけさまと心《こころ》を通《かよ》わせて供養《くよう》できるよう、お手伝《てつだ》いすることよ。迎《むか》え火《び》をたいて、それぞれの家《いえ》の盆棚《ぼんだな》や仏壇《ぶつだん》に野菜《やさい》や果物《くだもの》、お団子《だんご》などのごちそうを置《お》いて、お迎《むか》えの用意《ようい》。地方《ちほう》によっては、玄関《げんかん》に水《みず》を張《は》った洗面器《せんめんき》とか置《お》くの。あの世《よ》から遠《とお》い道《みち》のりを歩《ある》いてきた方《かた》たちが足《あし》を洗《あら》えるようにね。ほとけさまたちは、お線香《せんこう》の煙《けむり》につつまれて仏壇《ぶつだん》に集合《しゅうごう》。この世《よ》の人《ひと》たちの暮《く》らしぶりを見《み》ながら、1年《ねん》でたったの数日間《すうじつかん》だけど、のんびりおすごしになるわけ。

親類《しんるい》の人《ひと》がお参《まい》りにきたりお坊《ぼう》さまがお経《きょう》をあげにきたりで、家《いえ》の人《ひと》たちは大《おお》いそがしよ。ゆっくり向《む》き合《あ》う時間《じかん》なんてないけれど、ほとけさまがそばにいるのを感《かん》じて心《こころ》が安《やす》らぎ、満《み》ち足《た》りた想《おも》いですごせるんじゃないかな。

ほとけさまがおもどりのときは、あの世《よ》への道《みち》を照《て》らす送《おく》り火《び》をたいて、お供物《くもつ》をお持《も》たせする。盆踊《ぼんおど》りの唄《うた》や太鼓《たいこ》の響《ひび》きは、わたしからのプレゼントよ。

盆礼《ぼんれい》

・もとは正月《しょうがつ》と同《おな》じ祖霊祭《それいさい》で、「けっこうなお盆《ぼん》でおめでとうございます」などと、年始《ねんし》のようなあいさつ回《まわ》りをする。新盆《にいぼん》の家《いえ》では「お寂《さび》しゅうございます」とのことばに。

盂蘭盆会
うらぼんえ

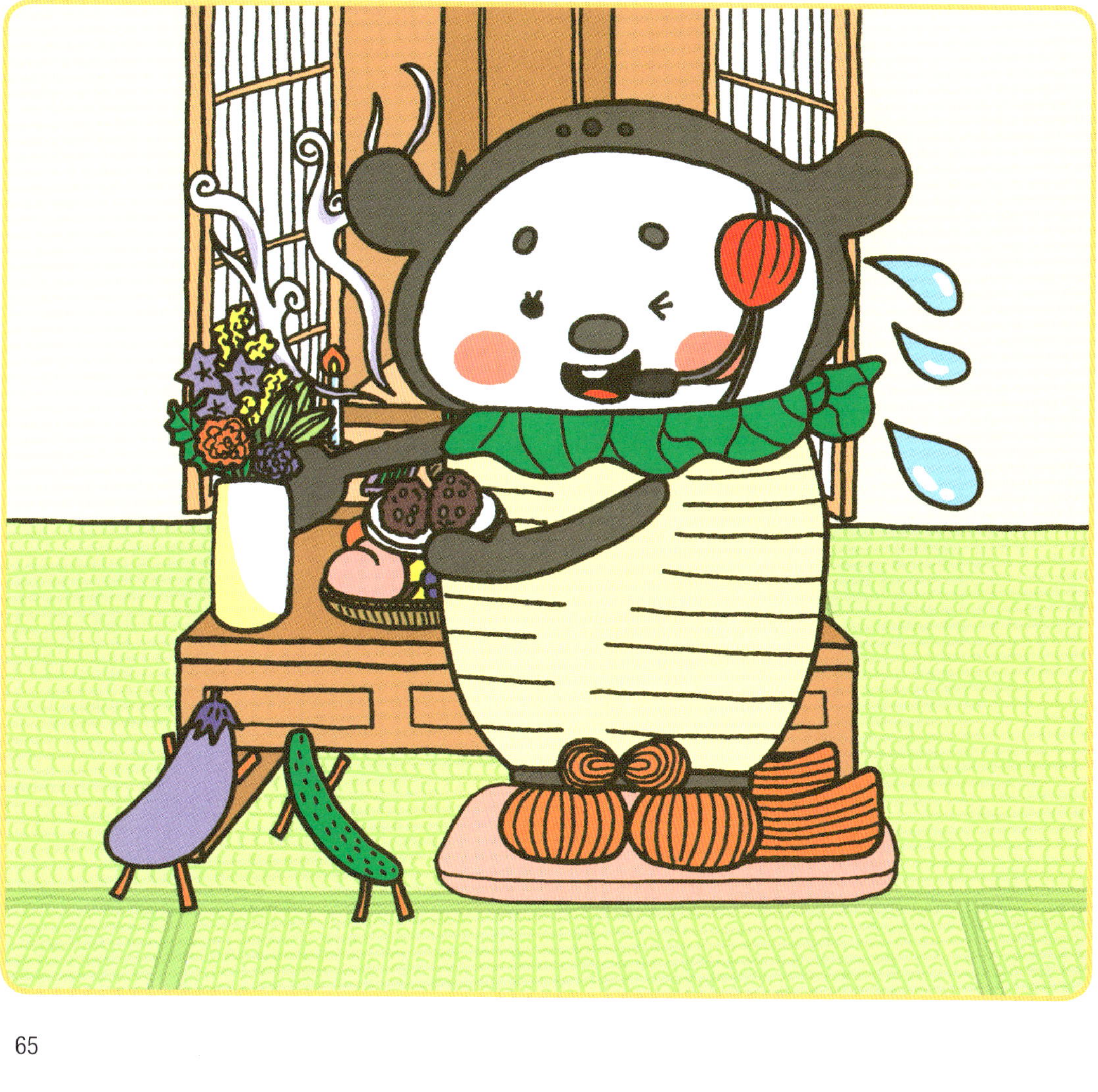

十三夜《じゅうさんや》

「後《のち》の月《つき》」ともいわれます

　十五夜《じゅうごや》のお月見《つきみ》には、お団子《だんご》やススキをお供《そな》えして、まあるいお月《つき》さまをながめるでしょ。昔《むかし》は、満月《まんげつ》の影踏《かげふ》みという遊《あそ》びがあってね、まるで昼間《ひるま》のように明《あか》るい月《つき》の光《ひかり》に照《て》らされる影《かげ》を追《お》いかけて遊《あそ》んだものよ。いまは、秋雨前《あきさめぜん》線《せん》が活発《かっぱつ》なときと重《かさ》なって雨《あめ》が多《おお》いわね。「中秋《ちゅうしゅう》の名月《めいげつ》」ともいわれているけど、まだまだ夏《なつ》の暑《あつ》さが残《のこ》っていて、なんか微妙《びみょう》な季節感《きせつかん》なのよねぇ。

　わたしは十三夜《じゅうさんや》。十五夜《じゅうごや》からひと月近《つきちか》くあとだから、いまはわたしこそが中秋《ちゅうしゅう》の名月《めいげつ》といっていいかも。十五夜《じゅうごや》さん（芋名月《いもめいげつ》）とわたし（豆《まめ》・栗名月《くりめいげつ》）はセットで考《かんが》えてほしいわ。一方《いっぽう》だけの月見《つきみ》をするのは片月見《かたつきみ》といって縁起《えんぎ》が悪《わる》いのよ。これを知《し》っている人《ひと》はだんだん少《すく》なくなっているけどね。

　わたしたち、ただ月《つき》をながめて楽《たの》しむだけじゃなくて、作物《さくもつ》の出来具合《できぐあい》を占《うらな》う年占《としうら》の日《ひ》でもあるの。十五夜《じゅうごや》さんの天気《てんき》がよければ大麦《おおむぎ》が豊作《ほうさく》、わたしの日《ひ》が天気《てんき》なら小麦《こむぎ》が豊作《ほうさく》といわれるわ。里芋《さといも》の茎《くき》に藁《わら》をまいた棒《ぼう》で地面《じめん》をたたいて地《じ》の神《かみ》さまを励《はげ》ましたり、地中《ちちゅう》のモグラを追《お》いはらう習《なら》わしもあるのよ。

　♪十三夜《じゅうさんや》の藁鉄砲《わらでっぽう》　大豆《だいず》と小豆《あずき》もよくあたれ　三角畑《さんかくばたけ》のソバあたれ

月《つき》を愛《め》で、収穫《しゅうかく》に感謝《かんしゃ》する習慣《しゅうかん》

・十五夜《じゅうごや》は、中国《ちゅうごく》の名月鑑賞《めいげつかんしょう》に基《もと》づき奈良《なら》・平安時代《へいあんじだい》の貴族《きぞく》の間《あいだ》で広《ひろ》がったもの。十三《じゅうさん》夜《や》は日本《にほん》だけの習《なら》わしで、さらにひと月《つき》あとの十日夜《とおかんや》に収穫祭《しゅうかくさい》をすることもある。ほかの年中行事《ねんちゅうぎょうじ》もそうだが、いまのカレンダーとのずれが大《おお》きい。月《つき》の運行《うんこう》や旧暦《きゅうれき》の日《ひ》付《づけ》を記《しる》したカレンダーもある。

十三夜
じゅうさんや

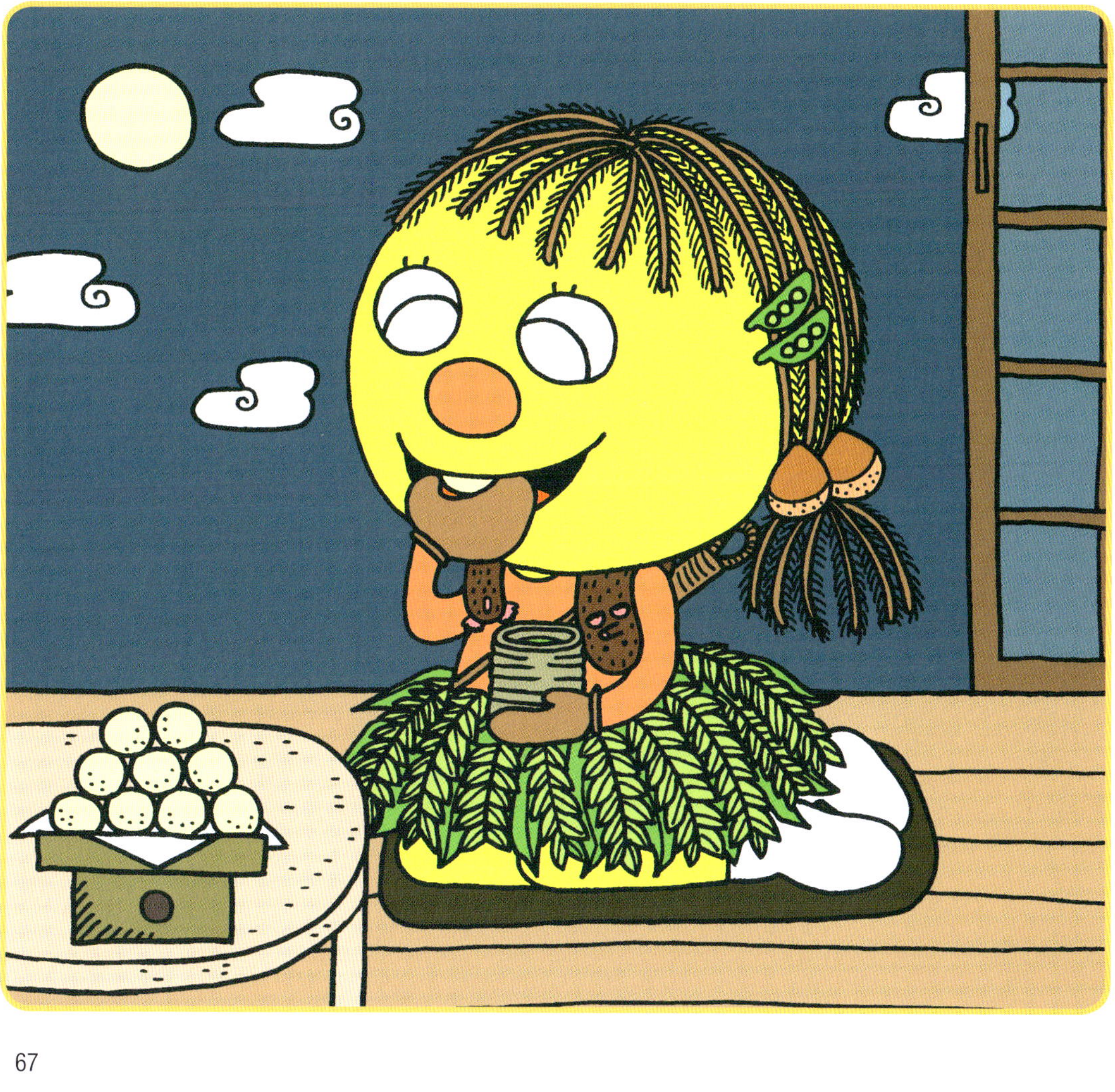

神送《かみおく》り・神無月《かんなづき》

神《かみ》さまたちの大旅行《だいりょこう》の月《つき》

1か月間《げつかん》、神《かみ》さまが出雲《いずも》（島根県《しまねけん》）旅行《りょこう》にでて留守《るす》になる月《つき》が、わたし。神無月《かんなづき》と申《もう》します。9月末《がつまつ》には諸国《しょこく》の神々《かみがみ》が出雲《いずも》に集《あつ》まることになっていましてね。村《むら》の神《かみ》さま、家《いえ》の屋敷神《やしきがみ》さまも、だれもかれもが、年《ねん》に一度《いちど》の大旅行《だいりょこう》。そういうわけでわたしは、神《かみ》の無《な》い月《つき》、神無月《かんなづき》と呼《よ》ばれるのですよ。

旅立《たびだ》ちの日《ひ》にはですね、新《あたら》しい藁《わら》でつくった苞《つと》（包《つつ》み）にお赤飯《せきはん》をつめて、神棚《かみだな》などにお供《そな》えします。神《かみ》さまのお弁当《べんとう》ですよ。村《むら》の氏神《うじがみ》さまの旅立《たびだ》ちやお帰《かえ》りのときに、寺社《じしゃ》にお籠《こも》りをする（こもってお祈《いの》りする）ところもあります。

なぜ出雲《いずも》に行《い》くかの見解《けんかい》は各地《かくち》でちがいましてね、縁結《えんむす》び会議《かいぎ》のためとか位《くらい》をもらいにいくためとか、薬《くすり》の調合《ちょうごう》にいくのだとか……まぁいろいろです。

なにしろ収穫《しゅうかく》も終《お》わり、長《なが》い冬《ふゆ》に向《む》かう農閑期《のうかんき》になります。人間《にんげん》たちだって温泉《おんせん》に湯治《とうじ》にいったりして疲《つか》れをとりますからねぇ。神《かみ》さまたちも、つかの間《ま》のひと休《やす》みをしたいのだと思《おも》いますね。

そうそう、神《かみ》さまが集《あつ》まる出雲《いずも》は「神在月《かみありづき》」で、にぎやかですよ〜。

それぞれの神無月《かんなづき》のいわれ

・鎌倉時代《かまくらじだい》の末《すえ》から南北朝時代《なんぼくちょうじだい》にかけて生《い》きた吉田兼好《よしだけんこう》の『徒然草《つれづれぐさ》』には、神無月《かんなづき》にはよろずの神《かみ》が「伊勢《いせ》」（三重県《みえけん》）に集《あつ》まるとの説《せつ》があると書《か》かれている。出雲《いずも》に集《あつ》まるという伝承《でんしょう》は、その後《ご》、室町時代《むろまちじだい》には成立《せいりつ》していた。留守《るす》を守《まも》る神《かみ》がいる地域《ちいき》もある。

・「無《な》」は「〜の」を示《しめ》す格助詞《かくじょし》で「神《かみ》の月《つき》」の意味《いみ》が本来《ほんらい》だとか、お酒《さけ》を醸《かも》す（つくる）「醸成月《かみなしづき》」、その製法《せいほう》（ご飯《はん》を「噛《か》んで成《な》す」）から生《う》まれた語《ご》などの諸説《しょせつ》がある。

神送《かみおく》り・神無月《かんなづき》

酉《とり》の市《いち》・飾《かざ》り熊手《くまで》

商売繁盛《しょうばいはんじょう》、家内安全《かないあんぜん》

「まけた　まけた！　さあ、お手《て》をはいしゃく！　よっ　シャンシャンシャンシャンシャンシャンシャン　シャシャンシャンシャン　シャン　ありがとうございました！」

おれの目《め》の前《まえ》で、頭《あたま》に鉢《はち》巻《ま》き姿《すがた》の売《う》り手《て》のおにいさんが、威勢《いせい》よく手締《てじ》め。

おれは、築地《つきじ》の寿司屋《すしや》の大将《たいしょう》に渡《わた》されたのだ。おれ？　縁起物《えんぎもの》の飾《かざ》り熊手《くまで》よ。11月《がつ》の酉《とり》の日《ひ》に神社《じんじゃ》の境内《けいだい》にでる大勢《おおぜい》の熊手屋《くまでや》の店《みせ》でね、売《う》られてるんだ。宝船《たからぶね》や米俵《こめだわら》、千両箱《せんりょうばこ》、恵比寿《えびす》に大黒《だいこく》、鶴亀《つるかめ》など派手《はで》に着飾《きかざ》っているけど、もとは落《お》ち葉《ば》をかきよせる竹《たけ》でこしらえた農具《のうぐ》なのだ。福《ふく》を呼《よ》ぶ縁起物《えんぎもの》になったのは、ものをかき寄《よ》せるからやね。富《とみ》や幸《しあわ》せを集《あつ》める道具《どうぐ》とみなされたのさ。

「酉《とり》」は、「お客《きゃく》を取《と》り込《こ》む」につながることばだからねぇ。

そんなこんなで酉《とり》の日《ひ》に市《いち》がたつんだ。11月最初《がつさいしょ》の酉《とり》の日《ひ》を一《いち》の酉《とり》、12日後《にちご》にめぐってくる次《つぎ》の酉《とり》の日《ひ》を二《に》の酉《とり》という。三《さん》の酉《とり》まである年《とし》は火事《かじ》が多《おお》いなんてもいわれるけど、そりゃほぼ1年《ねん》おきにはめぐってくる日取《ひど》りさ。

買《か》われていったおれは、どこにいると思《おも》う？　いかにもご利益《りやく》がありそうな目立《めだ》つ場所《ばしょ》で、1年間《ねんかん》その家《いえ》を守《まも》るのさ。そうして次《つぎ》の年《とし》の酉《とり》の市《いち》には、買《か》った場所《ばしょ》の熊手納《くまでおさ》めどころに置《お》かれて、新《あたら》しいおれにバトンタッチだ。

酉《とり》の市《いち》

・鷲《おおとり》神社《じんじゃ》の祭礼《さいれい》に開《ひら》かれる、酉《とり》のマチ（祭《まつ》り）と呼《よ》ばれた。かつての武運《ぶうん》の神《かみ》が開運祈《かいうんき》願《がん》の神《かみ》となり、客商売《きゃくしょうばい》の人《ひと》の信仰《しんこう》を集《あつ》めるようになった。平安時代《へいあんじだい》から武器《ぶき》として使《つか》われていた熊手《くまで》は、長《なが》い枝先《えださき》に鉄製《てっせい》の熊《くま》の爪《つめ》のようなものが並《なら》ぶものだったという。

酉《とり》の市《いち》・飾《かざ》り熊手《くまで》

4章《しょう》

仏教《ぶっきょう》からきたことば

立《た》ったり座《すわ》ったりするときに思《おも》わずいってしまう「どっこいしょ」ということば。じつは仏教《ぶっきょう》の教《おし》えとかかわりがあるものなんですよ。わたしたちがふだん何気《なにげ》なく使《つか》っていることばの中《なか》には、もとの意味《いみ》を知《し》ると味《あじ》わい深《ぶか》いものがいろいろあります。この章《しょう》に出《で》てくるもの以外《いがい》にも「ホラ吹《ふ》き」「阿弥陀《あみだ》くじ」「うろうろ」「つっけんどん」など数々《かずかず》の仏教語《ぶっきょうご》がありますから、気《き》になったことばはどうぞ調《しら》べてみてくださいね。

シルエットクイズ4 わたしはだれ？（答《こた》えは94、95ページ）

③

ごめんくださ〜い、と入《はい》る場所《ばしょ》

①

ずばり、ひねくれ者《もの》だい

④

笑《わら》わせてなんぼのもの

②

くたびれたのかな？

どっこいしょ

きつい修行《しゅぎょう》は声《こえ》をだして

「どれ、ひと休《やす》みするか。どっこいしょ」

「まぁ、重《おも》い荷物《にもつ》だこと。どっこいしょ」

あぁ、またおいらを呼《よ》んでるよ。行《い》かなきゃ。座《すわ》るときも立《た》つときも、力《ちから》を入《い》れたりするときも、おばあちゃんは必《かなら》ずかけ声《ごえ》をかけるんだ。どっこいしょ、どっこいしょって、ずいぶん気安《きやす》く呼《よ》んでくれるよねぇ。

そんなおいらのぼやきに、おばあちゃん気《き》づいたみたい。

「あら、どっこいしょって聞《き》こえたかい？　あたしは『六根清浄《ろっこんしょうじょう》』っていってるつもりなんだけどねぇ」

えっ、ロッコンショウジョウ？　なんか、チンプンカンプンでわからないよ。

「あら、知《し》らないのかい。山登《やまのぼ》りの修行《しゅぎょう》のときに唱《とな》えるのさ。『六根清浄《ろっこんしょうじょう》、お山《やま》は晴天《せいてん》』ってね。お山《やま》での修行《しゅぎょう》はきついけれど、それによって心《こころ》も体《からだ》も清《きよ》らかにしますって思《おも》いをこめて、かけ声《ごえ》をかけながら登《のぼ》るんだよ。くたびれてきた人《ひと》の声《こえ》は、どっこいしょって聞《き》こえるんだってさ」

へぇー、おいらの本名《ほんみょう》って、とても意味《いみ》があるんだねぇ。みんなに教《おし》えなきゃ。

六根《ろっこん》は感覚器官《かんかくきかん》

・「根《こん》」というのは、意識《いしき》を生《う》まれさせる器官《きかん》や能力《のうりょく》のことをいう。眼根《げんこん》（視覚《しかく》）、耳根《にこん》（聴覚《ちょうかく》）、鼻根《びこん》（嗅覚《きゅうかく》）、舌根《ぜっこん》（味覚《みかく》）、身根《しんこん》（触覚《しょっかく》）の五感《ごかん》に、心《こころ》の働《はたら》きを表《あらわ》す意根《いこん》（意識《いしき》）を加《くわ》えた6つ。

どっこいしょ

冗談《じょうだん》

あかん！ 冗談《じょうだん》はやめてぇな

うちの名前《なまえ》は、ジョーダンっていいますぅ。よろしゅうたのんまっせ。

「〝冗談《じょうだん》〟やと？ そないなふざけた名前《なまえ》、冗談《じょうだん》でっしゃろ」

いや、冗談《じょうだん》じゃなくて、ジョーダンなんや。

「言《い》うに事欠《ことか》いて、冗談《じょうだん》にもほどがある」

あんたはそないいうねんけど、生《う》まれたときからこの名前《なまえ》やねんから。誕《たん》生日《じょうび》はいつか知《し》らんけどな、もともとは、仏教《ぶっきょう》の修行《しゅぎょう》のさまたげになる、無《む》駄口《だぐち》のことやったみたいやで。「冗《じょう》」は、無駄《むだ》やよけいなこと。「談《だん》」は、話《はなし》。要《よう》するに無駄話《むだばなし》ってことやな。まぁ、この字《じ》で定着《ていちゃく》したのは大正時代以降《たいしょうじだいいこう》で、その前《まえ》は「常談《じょうだん》」と書《か》かれることも多《おお》かったしなぁ。「笑談《しょうだん》」やら「雑談《ざつだん》」が変化《へんか》してこうなったともいうし、話《はなし》だけでなく、行《おこな》いもふくめていうことも多《おお》いねん。

そやけど、きびしい修行《しゅぎょう》をしとるお坊《ぼう》さまの無駄口《むだぐち》って、どんなもんやろね。笑《わら》えへん戯《ざ》れ言《ごと》なんやろか。ちょっと聞《き》いてみたい気《き》もするんやけど。

冗談《じょうだん》の使《つか》い方《かた》

・「冗談《じょうだん》から駒《こま》がでる」は、冗談《じょうだん》としていったことが事実《じじつ》になるたとえ。「冗談《じょうだん》めかす」は、冗談《じょうだん》ぽくいうようすをいう。「軽口《かるくち》」と同《おな》じように、「冗談口《じょうだんぐち》をたたく」と使《つか》うこともある。

冗談
じょうだん

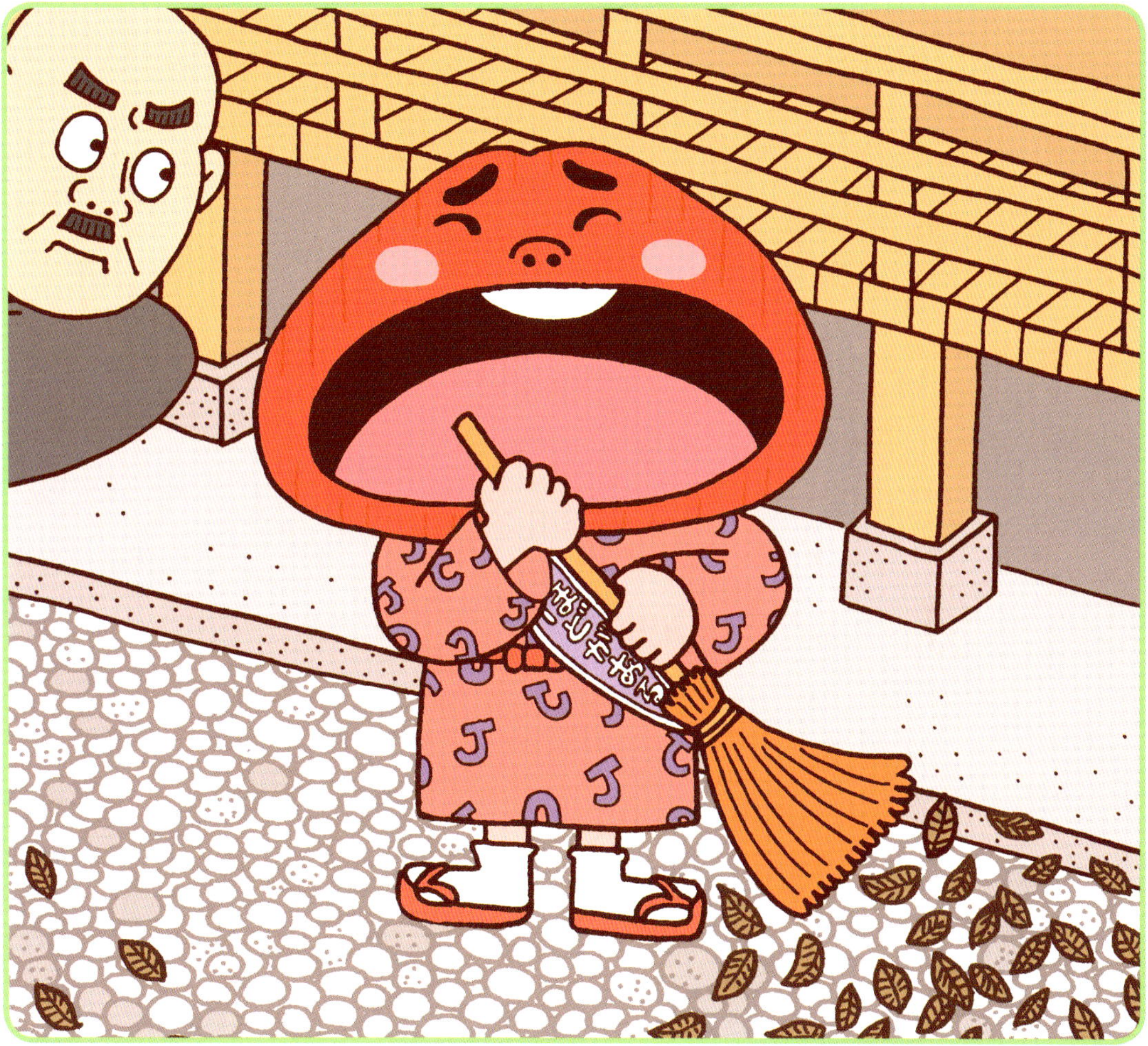

四苦八苦《しくはっく》

苦労《くろう》があってこその幸《しあわ》せ……

ほんとに久《ひさ》しぶりに、楽《らく》ちゃんが訪《たず》ねてきて、声《こえ》をかけてくれました。

「暗《くら》い顔《かお》して、どうしたの？」

「夏休《なつやす》みもあと3日《か》しかないのに、宿題《しゅくだい》が終《お》わらないんだよ。夏休《なつやす》みが始《はじ》まってすぐに盲腸《もうちょう》で入院《にゅういん》したし、それからニュージーランド旅行《りょこう》に行《い》ったし、帰《かえ》りの飛行機《ひこうき》で夏風邪《なつかぜ》ひいたのが長引《ながび》いちゃって、いま四苦八苦《しくはっく》してるんだ」

「それって、できなかった言《い》い訳《わけ》でしょうよ。まだ3日《か》あるじゃないの。弁解《べんかい》に四苦八苦《しくはっく》してるまに、さっさとやりなさいよ」

四苦八苦《しくはっく》っていうのは、おれのことです。もともとは、煩悩《ぼんのう》（心身《しんしん》を悩《なや》ませるいろいろな思《おも》い）や、前世《ぜんせ》で悪《わる》いことをしたために受《う》ける苦悩《くのう》や不幸《ふこう》なんですよ。「苦《く》」をいっぱい持《も》っていて、存在自体《そんざいじたい》、苦《くる》しいことばかり。いつも暗《くら》い顔《かお》で落《お》ち込《こ》んでいます。さっさとやればいいのはわかってるんだけど、終《お》わりっこないよ。ますます暗《くら》い顔《かお》をするおれに、楽《らく》ちゃんはこういったよ。

「〝楽《らく》は苦《く》の種《たね》　苦《く》は楽《らく》の種《たね》〟っていうのよ。苦《くる》しいことのあとには、いいことがあるんだから。がんばってね」

四苦八苦《しくはっく》の意味《いみ》

・生苦《しょうく》：生《う》まれる苦《くる》しみ。老苦《ろうく》：老《お》いる苦《くる》しみ。病苦《びょうく》：病《や》む苦《くる》しみ。死苦《しく》：死《し》ぬ苦《くる》しみ。これを四苦《しく》といい、さらに愛別離苦《あいべつりく》（愛《あい》している人《ひと》から離《はな》れる苦《くる》しみ）、怨憎会苦《おんぞうえく》（恨《うら》み、憎《にく》む者《もの》に会《あ》う苦《くる》しみ）、求不得苦《ぐふとくく》（求《もと》めるものが得《え》られない苦《くる》しみ）、五陰盛苦《ごおんじょうく》（肉体《にくたい》や感覚《かんかく》、認識《にんしき》を持《も》つが故《ゆえ》の苦《くる》しみ）の4つを加《くわ》え、八苦《はっく》という。

四苦八苦《しくはっく》

がまん

じっとしているよ

昔《むかし》のぼくは、性格《せいかく》が悪《わる》かったんだ。「我《が》を張《は》る」、強情《ごうじょう》なやつだっていわれたよ。なんでも「ぼくが」「自分《じぶん》が」と言《い》い張《は》るし、自分《じぶん》にとらわれておごり高《たか》ぶるところがあってね、ほかの人《ひと》を軽《かる》く見《み》て、バカにしてたんだ。高慢《こうまん》ちきさんとか、自惚《うぬぼ》れくんと、よくいっしょにいたね。そんなぼくの強情《ごうじょう》っぷりは、硬《かた》い角《つの》やするどい剣《けん》、高《たか》い山《やま》にたとえて、「我慢《がまん》の角《つの》」とか「我慢《がまん》の剣《つるぎ》」、「我《が》慢《まん》の山《やま》」って表現《ひょうげん》されることもあったんだ。

ただ、そういう姿《すがた》って、見方《みかた》によっては、負《ま》けん気《き》があって生《い》きる力《ちから》にあふれてるねぇっていってくれる人《ひと》も出《で》てきて、だんだんまわりの仲間《なかま》が入《い》れ替《か》わっていったんだ。いまじゃ、辛抱《しんぼう》さんとか、忍耐《にんたい》さんと仲良《なかよ》くしているよ。

「頭《あたま》が痛《いた》くなりそうな問題《もんだい》だけど、もう少《すこ》しがまんして考《かんが》えてみるよ」

「文句《もんく》もいわずに、よくがまんしているね」

こんなふうに、あちこちから呼《よ》ばれていそがしくなったよ。でも、なんでもかんでもぼくを引《ひ》っぱりだせばいいとは限《かぎ》らないから気《き》をつけて。がまん強《づよ》いのはいいけど、やせがまんは、ほどほどにしないとね。

もともと仏教《ぶっきょう》では、七慢《しちまん》のひとつ

・現在《げんざい》では、もっぱら「耐《た》え忍《しの》ぶ」の意味《いみ》で使《つか》われる語《ご》だが、仏教《ぶっきょう》では、いくつかの慢《まん》心《しん》のうちのひとつ。慢《まん》・過慢《かまん》・慢過慢《まんかまん》・増上慢《ぞうじょうまん》・我慢《がまん》・卑慢《ひまん》・邪慢《じゃまん》。いずれも、勝手《かって》に自分《じぶん》を相手《あいて》とくらべて、自分《じぶん》がどれほど優《すぐ》れているか、あるいは優《すぐ》れている相手《あいて》と大《たい》差《さ》がないか、などといった観点《かんてん》でとらえること。おごった心持《こころも》ちで他者《たしゃ》をあなどったりすることは、正《ただ》しい判断《はんだん》をにぶらせるとして、戒《いまし》めている。

がまん

機嫌《きげん》

人《ひと》の心《こころ》は複雑《ふくざつ》よ

あたし、機嫌《きげん》ちゃん。

「なんでヘソを曲《ま》げてるの。ほらほら機嫌《きげん》をなおして」っていうでしょ。こんなときのあたしって、相手《あいて》の気持《きも》ちを思《おも》いやって、やさしく声《こえ》をかけるのよ。

でも、「人《ひと》のご機嫌《きげん》ばかりとってないで、自分《じぶん》らしくしなさいよね」と、きつくいうときもあるわ。人《ひと》の心《こころ》のうちを気《き》にしている人《ひと》には、どうしてもお説《せっ》教《きょう》っぽくなってしまうけど、それがあたしなのよ。

このあいだね、入院《にゅういん》している先輩《せんぱい》のご機嫌《きげん》うかがいに参上《さんじょう》したのよ。あとから友人《ゆうじん》に「それって機嫌買《きげんが》いだろ」っていわれたけど、いいえ、機嫌《きげん》とりなんかじゃないわ、誤解《ごかい》しないで。先輩《せんぱい》も機嫌顔《きげんがお》で楽《たの》しそうだったもの。

ねっ、あたしって人《ひと》の心《こころ》にあるってこと、わかるでしょ。昔《むかし》はそうじゃなかったの。悪口《わるくち》をいいあって、不愉快《ふゆかい》に思《おも》うことだったんだって。

ご機嫌斜《きげんなな》めになった人《ひと》たちとのおつきあいって大変《たいへん》なのよねぇ。

それでは、ご機嫌《きげん》よう。

◆宗教《しゅうきょう》の生活《せいかつ》の規律《きりつ》

・もとは、そしり嫌《きら》う、つまり他人《たにん》のことを悪《わる》くいい、非難《ひなん》して嫌《きら》うこと。他人《たにん》の「機《き》嫌《げん》」を受《う》けないようにする戒律《かいりつ》から生《う》まれたことば。人《ひと》が不愉快《ふゆかい》と思《おも》う行動《こうどう》はつつしみなさいという意味《いみ》。

機嫌
き げん

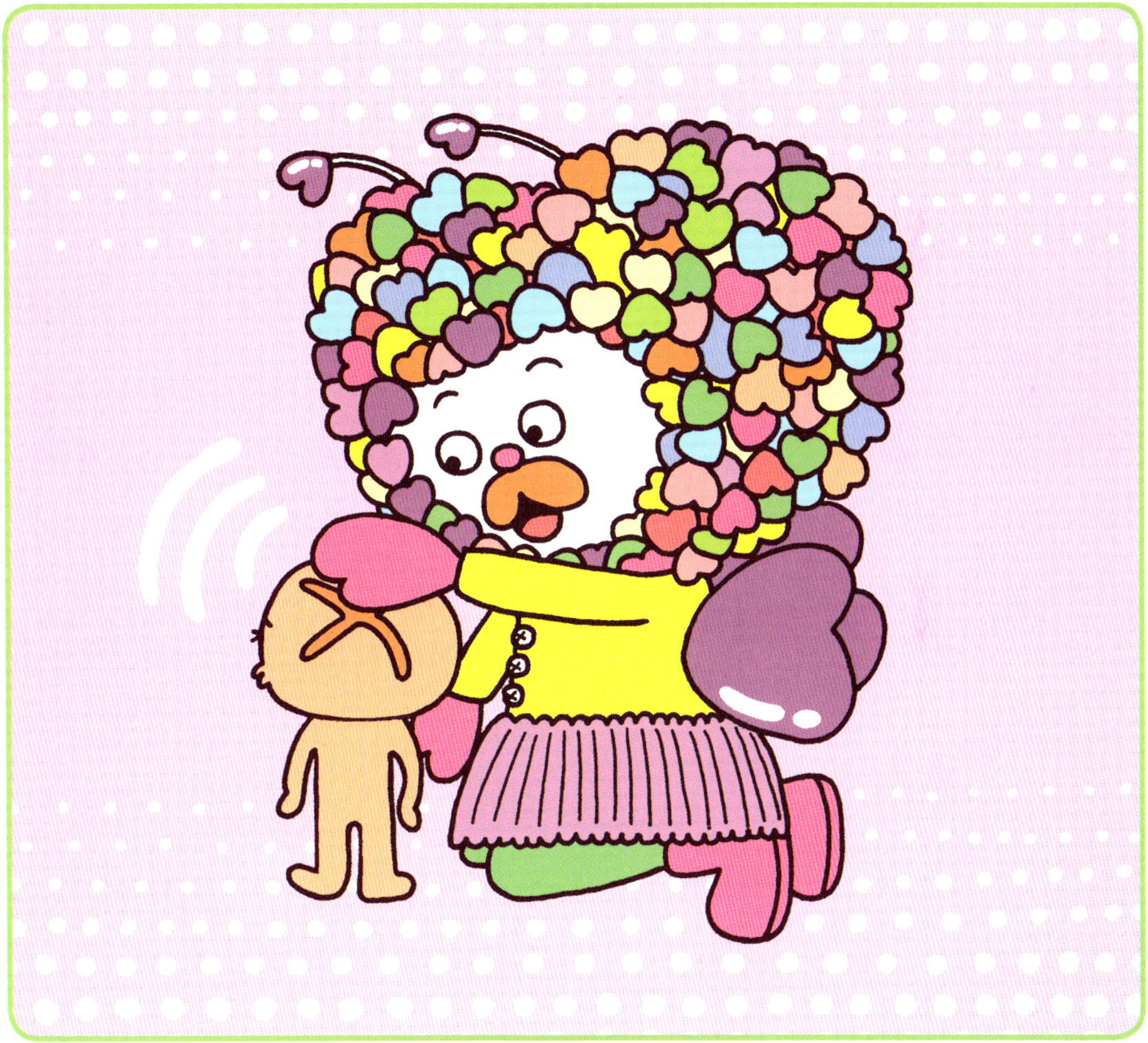

ないしょ

人にいっちゃだめよ！

わたし、小声《こごえ》しかだせないんです。えっ、風邪《かぜ》をひいてのどを傷《いた》めたのかって？ いいえ、そうではないの。わたしのことは、歌《うた》にも歌《うた》われているわ。

♪ないしょ　ないしょ　ないしょの話《はなし》は　あのねのね　お耳《みみ》へこっそり　ね、
　かあちゃん

ってね。わたしが大声《おおごえ》をだしたら、わたしじゃなくなってしまうでしょ。

「ねえ、ここだけの話《はなし》なんだけどさ……」

いつもこんな調子《ちょうし》で、ひそひそひそひそ話《はな》す、それがわたしなのよ。

でも、その努力《どりょく》もむなしく、次《つぎ》から次《つぎ》に、みんなの「ここだけの話《はなし》なんだけど」が広《ひろ》がってしまうのが世《よ》の常《つね》よね。まるで伝言《でんごん》ゲームみたいに。

もともとはね、人《ひと》との話《はなし》じゃなくて、自分自身《じぶんじしん》の心《こころ》のうちで真理《しんり》を悟《さと》ることを「内証《ないしょう》」っていったのよ。それって、ほかの人《ひと》からはようすがわからないことでしょう。だから、秘密《ひみつ》になっちゃう。そうなるとやっぱり、なんか謎《なぞ》めいていておもしろそうで、ひそひそ話《はな》したくなっちゃうものよね。

「内証《ないしょう》」が縮《ちぢ》まって「内緒《ないしょ》・内所《ないしょ》」の字《じ》をあてることも。

・鎌倉時代《かまくらじだい》の仏教説話集《ぶっきょうせつわしゅう》である『沙石集《しゃせきしゅう》』に「真実《しんじつ》の内証《ないしょう》は同《おな》じといえども、因《いん》は深《ふか》く果《か》は浅《あさ》し」とある。人《ひと》に秘密《ひみつ》にすることを「内証事《ないしょうごと》」。内証事《ないしょうごと》を記《しる》した帳面《ちょうめん》を「内証《ないしょう》帳《ちょう》」。内証事《ないしょうごと》に使《つか》う部屋《へや》を「内証間《ないしょうま》」ともいった。

童謡《どうよう》「ないしょ話《ばなし》」

・2006（平成《へいせい》18）年《ねん》、文化庁《ぶんかちょう》と日本《にほん》PTA《ピーティーエー》全国協議会《ぜんこくきょうぎかい》の選考《せんこう》による「親子《おやこ》で長《なが》く歌《うた》い継《つ》いでほしい歌《うた》」として、日本《にほん》の歌百選《うたひゃくせん》に選《えら》ばれた。

ないしょ

自由自在《じゆうじざい》

悟《さと》りの境地《きょうち》は安《やす》らか

パソコンを自由自在《じゆうじざい》に操作《そうさ》できていいわね、なんていうじゃない。わたしは、自由《じゆう》さんと自在《じざい》さんが合体《がったい》して生《う》まれたの。

「言論《げんろん》の自由《じゆう》」とか「自由《じゆう》がほしい」っていうふうに使《つか》われる自由《じゆう》さんだけど、仏教《ぶっきょう》ではもともと、「悟《さと》りの境地《きょうち》」の意味《いみ》。いまとはちょっとちがう感覚《かんかく》かしらね。自在《じざい》さんは、その悟《さと》りの境地《きょうち》に達《たっ》してこそ「思《おも》いどおりに振《ふ》る舞《ま》える」って意味《いみ》で、もとはほとけさまたちにそなわっている能力《のうりょく》のことだわ。ほとけさまたちは、苦《くる》しむ人間《にんげん》の心《こころ》を救《すく》ったり、あの世《よ》とこの世《よ》を行《い》き来《き》したりできるものね。自由《じゆう》であれば自在《じざい》であり、自在《じざい》であれば自由《じゆう》である、ってわけ。

法事《ほうじ》などでお坊《ぼう》さまが読《よ》む般若心経《はんにゃしんぎょう》に、耳《みみ》を傾《かたむ》けてみて。「カンジーザイボーサツ」というのが聞《き》き取《と》れるかしら。あれは「観自在菩薩《かんじざいぼさつ》」のことで、観《かん》世音菩薩《ぜおんぼさつ》さまのこと。ほら、自在《じざい》さんが、ちゃんとそこにいるのよ。

何者《なにもの》にも何事《なにごと》にもとらわれないで、自分《じぶん》の心《こころ》のままに日々《ひび》すごしている、わたし。けっして、わがままに自分勝手《じぶんかって》に振《ふ》る舞《ま》ったりは、しないわよ。

♠「自由《じゆう》」ということ

・「由《ゆう》」の字《じ》は象形文字《しょうけいもじ》で、お酒《さけ》を濾過《ろか》してカスを取《と》るときの器《うつわ》をかたどったもの。「～から出《で》る」の意《い》で、「～による」の意《い》にも転《てん》じた。自由《じゆう》とは、他《ほか》のものではなく自《みずか》ら（自分自身《じぶんじしん》）をよりどころにする、自《みずか》らに基《もと》づく、ということ。

・「リバティ（liberty）」の訳語《やくご》としては、福沢諭吉《ふくざわゆきち》が「自由《じゆう》」と用《もち》いて以来《いらい》、広《ひろ》まった。

自由自在
じゆうじざい

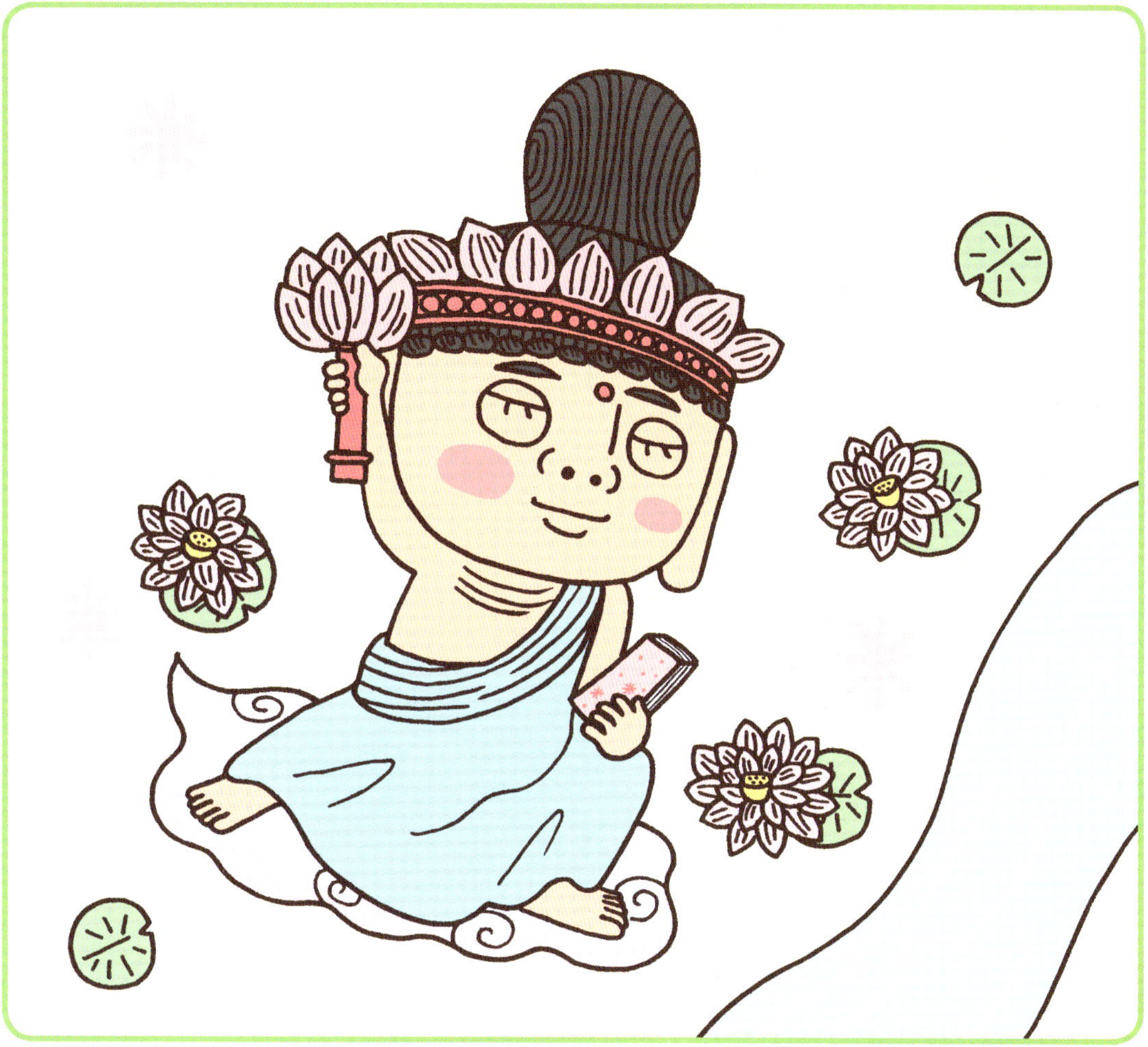

以心伝心《いしんでんしん》

仲良《なかよ》しがもっている心《こころ》

意志《いし》や感情《かんじょう》を超能力《ちょうのうりょく》で感《かん》じとるテレパシーちゃんとは、ちがうのよ。あたしをよく読《よ》んでみて。ほら「心《こころ》をもって心《こころ》に伝《つた》う」でしょ。これって、お釈迦《しゃか》さまの教《おし》えなの。悟《さと》りの内容《ないよう》を、文字《もじ》やことばに頼《たよ》らないで、師《し》の心《こころ》から弟子《でし》の心《こころ》へと伝《つた》えるってことなのよ。書《か》くこともしゃべることもしないで、だまっているけれど、考《かんが》えていることが伝《つた》わるって、すごいことよね。

そりゃぁ、文字《もじ》もことばも、それはそれで大切《たいせつ》よ。どちらも自分《じぶん》を伝《つた》える表現手段《ひょうげんしゅだん》だもの。でも「心《こころ》が通《つう》じ合《あ》う」っていうことばがあるくらいだし、みんなけっこう、それを実感《じっかん》したことはあるんじゃないかなぁ。ほんの少《すこ》しことばを発《はっ》しただけでも相手《あいて》が理解《りかい》してくれるような、「つうかあの仲《なか》」さんたちっていうのもいるじゃない。それほど気心《きごころ》が知《し》れた仲《なか》だってことよね。「あうんの呼吸《こきゅう》」さんも、あたしと気《き》が合《あ》うわ。

ねぇ、今夜《こんや》はカレーライスが食《た》べたいなぁと思《おも》ってない？　あたしに任《まか》せといて！　すぐお母《かあ》さんに伝《つた》えてあげるから。

♠禅宗《ぜんしゅう》の“不立文字《ふりゅうもんじ》”

・「文字《もじ》を立《た》てず」で、悟《さと》りはことばで表《あらわ》せるものではないから、ことばや文字《もじ》にとらわれてはいけないということ。禅宗《ぜんしゅう》の基本的《きほんてき》な立場《たちば》。

♠「つうかあの仲《なか》」とは

・「つう」というのは、昔《むかし》の「〜だとさ」の「とさ」の部分《ぶぶん》にあたる終助詞《しゅうじょし》だった「つ」。「かあ」というのも、「〜ってかぁ」の「かぁ」の部分《ぶぶん》にあたる終助詞《しゅうじょし》「か」。この2つから生《う》まれたことばと考《かんが》えられている。

以心伝心
<small>いしんでんしん</small>

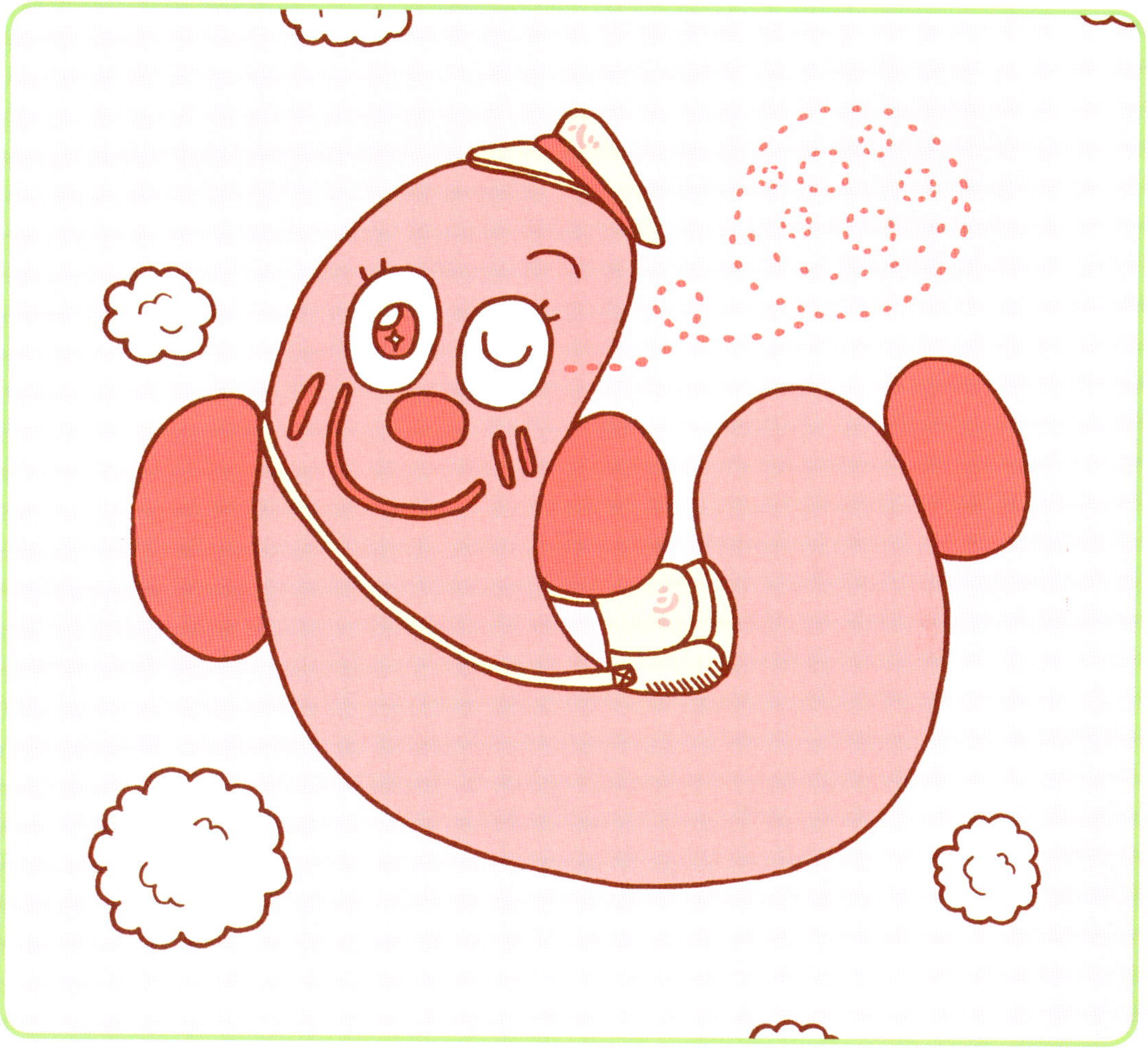

玄関《げんかん》

家《いえ》にあがるときには靴《くつ》をぬぎます

わたしたち一族《いちぞく》の仕事《しごと》といえば、家《いえ》の入《い》り口《ぐち》を守《まも》ることといったらいいでしょうか。正式《せいしき》な名前《なまえ》は「表玄関《おもてげんかん》」と申《もう》します。「ごめんください」と人《ひと》が訪《たず》ねてきて、ガラガラと音《おと》をたてて、わたしを開《あ》けます。もっとも、近《ちか》ごろは姿《すがた》形《かたち》が変《か》わりまして、ドアという洋風《ようふう》の姿《すがた》が主流《しゅりゅう》になりつつありますがね。

和風《わふう》にしろ洋風《ようふう》にしろ、一軒家《いっけんや》にもマンションにもアパートにも、構《かま》えているわたし。ご先祖《せんぞ》は、禅宗《ぜんしゅう》の修行《しゅぎょう》の関門《かんもん》のお役目《やくめ》だったそうですよ。仏門《ぶつもん》への入《い》り口《ぐち》という意味《いみ》で、物理的《ぶつりてき》な扉《とびら》のことではないんです。江戸時代《えどじだい》には、わたしを構《かま》えることを許《ゆる》された名主《なぬし》さんが「玄関《げんかん》」といわれもしました。庶民《しょみん》の家《いえ》がわたしをもてるようになったのは、明治時代《めいじじだい》になってからだったんですよ。

外観《がいかん》だけを飾《かざ》ったり、見栄《みえ》を張《は》るのは、「玄関《げんかん》を張《は》る」といわれたりします。押《お》し売《う》りのセールスなんかが、わたしをないがしろにして勝手《かって》にあがりこもうとしても、たちまち「玄関《げんかん》ばらい」されてしまいますね。

わたしのたたずまいは、これからも変《か》わっていくかもしれませんが、消《き》えることはないでしょうねぇ。

玄関《げんかん》の格式《かくしき》

- かつては、表玄関《おもてげんかん》は家《いえ》の主人《しゅじん》や客《きゃく》のため、内玄関《うちげんかん》は家族《かぞく》のため、そして勝手口《かってぐち》は使用人《しようにん》のため――と分《わ》けられていた。
- 国会議事堂《こっかいぎじどう》には「中央玄関《ちゅうおうげんかん》」があり、選挙後《せんきょご》に議員《ぎいん》が初登院《はつとういん》するときなど特別《とくべつ》のときにしか開《あ》けられることはない。このため、「開《あ》かずの扉《とびら》」と呼《よ》ばれている。

玄関
げんかん

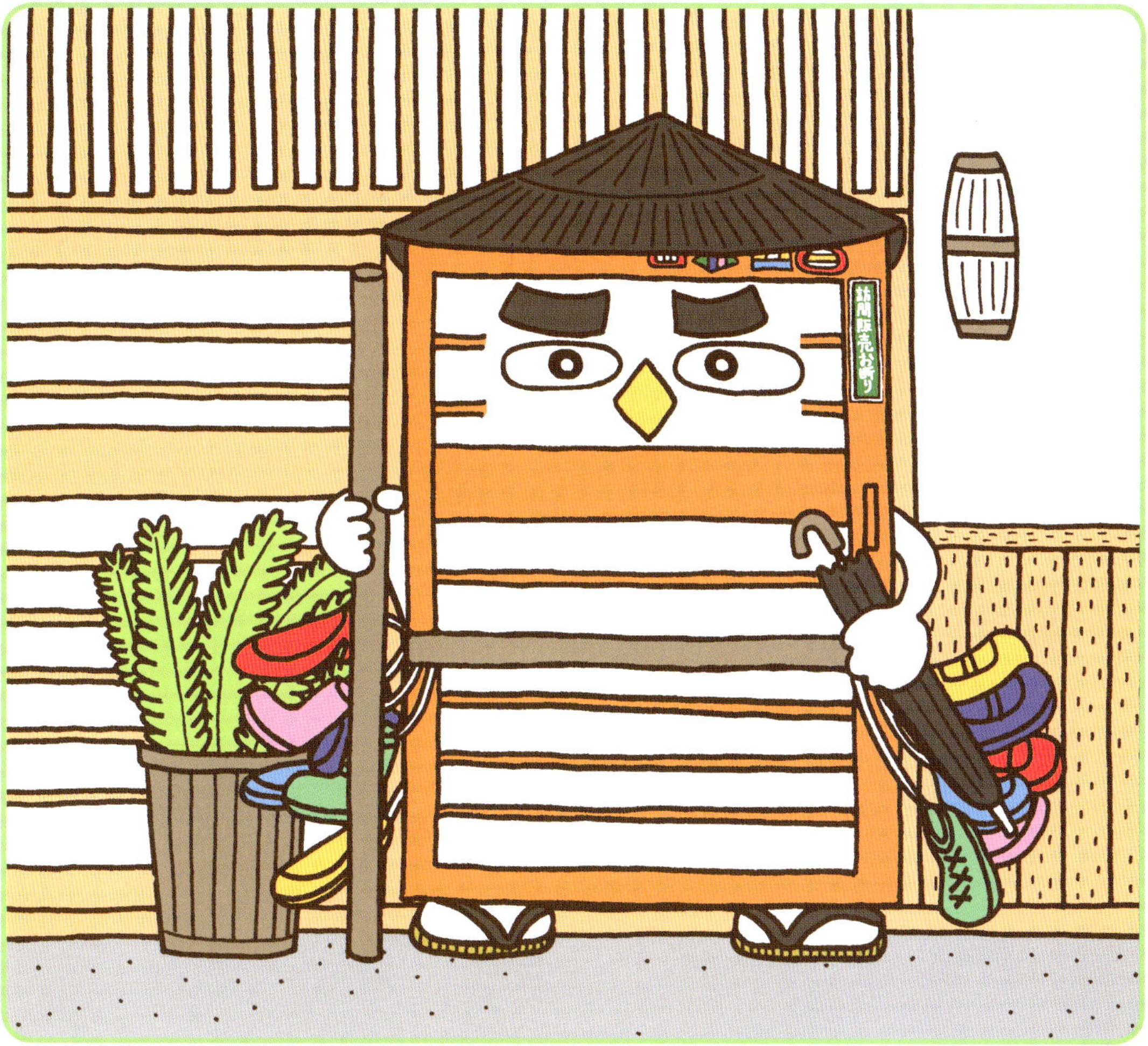

あまのじゃく

人間《にんげん》の心《こころ》をもてあそぶのは楽《たの》しいねぇ

　おいらさ、「天邪鬼《あまのじゃく》」っていうんだ。ああしろといわれればこう、こうしろといわれればああ、っていうふうに、いつも相手《あいて》の心《こころ》に逆《さか》らうようなことばっかりいうんだよね。「はい」なんて素直《すなお》にいったためしはない。ようするに「へそ曲《ま》がり」「つむじ曲《ま》がり」の、ひねくれ者《もの》ってことさ。

　人《ひと》の口《くち》まねもうまいんだぜ。

「瓜子姫《うりこひめ》とあまのじゃく」っていう昔話《むかしばなし》を知《し》ってるかい？　おいらがね、瓜《うり》子姫《こひめ》をだまして連《つ》れ去《さ》って、代《か》わりに姫《ひめ》に化《ば》けて、まわりの人間《にんげん》をだましてすごすのさ。最後《さいご》には正体《しょうたい》を見破《みやぶ》られて逃《に》げるんだが。

　会《あ》いたかったら、いいところがあるよ。お寺《てら》のご本尊《ほんぞん》を守《まも》る四天王《してんのう》さんのところさ。彼《かれ》らに踏《ふ》みつけられているのが、おいらだから。ほとけさまの教《おし》えや信者《しんじゃ》に、害《がい》をおよぼす妖怪《ようかい》っつうか悪者《わるもの》だっていうんでね。

　人《ひと》の神経《しんけい》を逆《さか》なでするおいらにいわれたかないだろけど、なんでも「はいはい」って、考《かんが》えもなしに人《ひと》のいうこと聞《き》くのも、どうかと思《おも》わないかい？

日本古来《にほんこらい》の天邪鬼《あまのじゃく》は

・『日本書紀《にほんしょき》』『古事記《こじき》』に登場《とうじょう》する天探女《アマノサグメ》は、人《ひと》の心《こころ》を探《さぐ》ることができた。それがのちに、人《ひと》の心《こころ》を読《よ》みとっていたずらを仕掛《しか》ける小鬼《こおに》へと変化《へんか》していったといわれる。

あまのじゃく

キャラクターランド

シルエットクイズの答《こた》え

●シルエットクイズ1の答《こた》え　①こだま　②ご神木《しんぼく》　③要石《かなめいし》　④六地蔵《ろくじぞう》

●シルエットクイズ2の答《こた》え　①おみくじ・末吉《すえきち》　②とげぬき地蔵《じぞう》　③お百度参《ひゃくどまい》り　④恵比寿《えびす》

●シルエットクイズ3の答《こた》え　①初午《はつうま》・きつね　②ひなまつり・緋毛氈《ひもうせん》　③十三夜《じゅうさんや》　④酉《とり》の市《いち》・飾《かざ》り熊手《くまで》

●シルエットクイズ4の答《こた》え　①あまのじゃく　②どっこいしょ　③玄関《げんかん》　④冗談《じょうだん》

文——**本木洋子**　もときようこ

東京生まれ。児童文学作家。熊本県水俣市「みなまた環境絵本大賞」事業コーディネーター。著書に『2015年への伝言・いま地球のこどもたちは』（共著）、『よみがえれ、えりもの森』『大海原の決闘・クジラ対シャチ』など。時間がとれるようになったら四国八十八ヶ所の歩き遍路をしようと友人と約束をした。あれから20年、想いはまだ消えていない……。
http://nomadwriter.blog.fc2.com/

絵——**柳下ミキ**　やぎしたみき

1992年茨城県生まれ。イラストレーター。今回が初の絵本。創作絵本『ヤギ動物園へ行こう！』が「おおしま国際手づくり絵本コンクール2012射水《いみず》市絵本文化振興財団理事長賞」受賞。いざというときの判断は“こまったときの神頼み”に任せている。
http://ameblo.jp/menbel/

装丁：中浜小織（annes studio）
協力：河尻理華

編集・制作：株式会社 本作り空 Sola

日本文化《にほんぶんか》キャラクター図鑑《ずかん》

神《かみ》さま・ほとけさま　宗教《しゅうきょう》ってなんだ！

2015年5月25日　初版第1刷発行

文————本木洋子
絵————柳下ミキ
発行者————小原芳明
発行所————玉川大学出版部
〒194-8610　東京都町田市玉川学園6-1-1
TEL 042-739-8935　FAX 042-739-8940
http://www.tamagawa.jp/up/
振替：00180-7-26665
編集：森 貴志

印刷・製本——図書印刷株式会社

ISBN978-4-472-05949-0 C8039 / NDC160